Inhaltsverzeichnis

Vorwort

Ein Bild-Diktat ist eine Methode des Kunstunterrichts, bei der Schritt für Schritt mit verbaler und visueller Anleitung gemeinsam eine Zeichnung und ein Bildaufbau erarbeitet werden.

Ein Diktat im kreativen Kunstunterricht? Ist das überhaupt erlaubt oder sinnvoll?

Ja, denn die Bild-Diktate in diesem Heft schränken Kinder nicht in ihrer Kreativität ein. Bild-Diktate sind Helfer, die jedes Kind dazu befähigen, ein individuelles Kunstwerk herzustellen, ohne das Kind zu überfordern. Bild-Diktate nehmen Kinder beim Zeichnenlernen an die Hand und helfen ihnen, den Balanceakt zwischen kreativer Zeichenentwicklung und dem Wunsch nach realitätsgetreuer Darstellung zu meistern. Sie motivieren dazu, neue Formate und Materialien zu erkunden, während sie ein jahreszeitlich strukturiertes, kindorientiertes Repertoire an Motiven als Grundlage für das freie Zeichnen der Kinder bieten. Dabei sichern sie den jungen Zeichnern mit ihren individuell gestalteten, optisch ansprechenden Kunstwerken wichtige Erfolgserlebnisse.

Meine Erfahrung zeigt, dass Kinder, die regelmäßig Bild-Diktate durchgeführt haben, die Motive immer wieder in eigenen freien Bildern aufgreifen, diese variieren und daraus etwas völlig Neues gestalten. Selbst schwache Zeichner trauen es sich eher zu, auch neue, unbekannte Motive zu zeichnen, da ihre Lernerfolge ihnen das nötige zeichnerische Selbstbewusstsein, systematische Handwerk und eine künstlerische Vorgehensweise vermittelt haben.

Doch Bild-Diktate machen nicht nur Kindern, sondern auch Lehrkräften* Mut. Im vorliegenden Band finden Sie detaillierte Hilfestellungen und vollständige Stundenplanungen, die Sie schnell und unkompliziert umsetzen können.

Die vorliegenden Motive begleiten Sie durch die vier Schuljahre und Jahreszeiten, wobei Bezüge zu den unterschiedlichsten Themen aus anderen Unterrichtsfächern die Gestaltung eines fächerübergreifenden Unterrichts leicht machen. In den Materialempfehlungen und Tipps zur Durchführung finden Sie alle notwendigen Informationen für den reibungslosen Ablauf einer gelungenen Kunststunde. Die weiterführenden Ideen und Tipps geben Ihnen Anregungen, wie Sie die einzelnen Stunden auf Ihre Lerngruppe abgestimmt variieren und optimieren können.

Impulse für den Stundeneinstieg und das abschließende Reflexionsgespräch geben Ihren Schülern einen inhaltlichen Rahmen und die Möglichkeit, das wertschätzende, aber reflektierende Betrachten eigener und fremder Kunstwerke zu üben. Jede Stunde enthält einen Hinweis auf mögliche Gestaltungskriterien, die Ihnen bei der Leistungsbewertung helfen und Ihren Schülern die dafür notwendige Transparenz bieten.

Lassen Sie nicht nur Ihre Kinder, sondern auch sich selbst von der Freude am Zeichnen und Gestalten mitreißen. Und trauen Sie sich, Ihre eigenen Lieblingsmotive schon bald als Bild-Diktat umzusetzen.

Ich danke Julia Bracke, ohne deren Hilfe, Förderung und Motivation dieses Heft nicht möglich gewesen wäre.

Lydia Wilczek

***Anmerkung:** Aus Gründen der besseren Lesbarkeit wird im Folgenden auf eine sprachliche Differenzierung der weiblichen und männlichen Bezeichnung verzichtet. Wir haben uns für die „neutrale" Form entschieden, durch die selbstverständlich stets alle Menschen in ihrer Diversität angesprochen sind.

Einleitung

1. Was Bild-Diktate können

Zeichnen zu können, das bedeutet, eine handwerkliche Fähigkeit zu besitzen. Man muss Figuren in ihren Grundformen wahrnehmen und dabei Abstände, Größenverhältnisse und Lagebeziehungen einschätzen und diese zeichnerisch wiedergeben.

Bild-Diktate reduzieren komplexe Bilder auf einfache geometrische Formen und leiten die Schüler (und Lehrkräfte) Schritt für Schritt beim Aufbau einer anspruchsvollen Zeichnung an. Dabei werden kontinuierlich die **Feinmotorik** und eine gute **Stifthaltung** geschult.

Zudem sichern Bild-Diktate allen Kindern Erfolgserlebnisse bei dem Versuch, Motive erkennbar darzustellen und auch ohne Vorkenntnisse ausdrucksstarke Kunstwerke zu gestalten.

Mit viel Motivation greifen Kinder daher regelmäßig auf die **erlernten Zeichenschemata** zurück und variieren diese, wodurch ihre Kreativität und ihre zeichnerischen Fähigkeiten gefördert werden.

Die vorliegenden Bild-Diktate enthalten zudem **viele freie Arbeitsaufträge** zur individuellen Ausgestaltung oder Vollendung, sei es in der Farbwahl, der strukturellen Flächengestaltung oder der thematischen Hintergrundgestaltung. Besonders bei diesen Aufgaben können die Schüler ihre eigene Persönlichkeit und künstlerische Note zum Ausdruck bringen und sich dabei kreativ und frei entfalten.

Neben dem künstlerischen Aspekt werden auch **Konzentration, genaues und verstehendes Zuhören** (vgl. Lehrplan Deutsch – Sprechen und Zuhören) und das **künstlerisch kreative Selbstwertgefühl** trainiert und verbessert. Nicht zuletzt schult das wertschätzende aber auch kritisch reflektierende Gespräch über die Arbeitsergebnisse die **sprachliche Kompetenz** und einen **respektvollen Umgang** der Kinder innerhalb einer Lerngruppe.

In Bezug auf den fächerübergreifenden Unterricht bieten die Bild-Diktate vielseitige **Anknüpfungspunkte für viele Fächer.** Sie können als Impulsgeber für ein Gedicht im Deutschunterricht dienen, auf motivierende Art das Zeichnen von parallelen Linien oder geometrischen Formen aus dem Mathematikunterricht aufgreifen oder die genaue Betrachtung und Erforschung von Blüten oder Gemüsesorten erfordern.

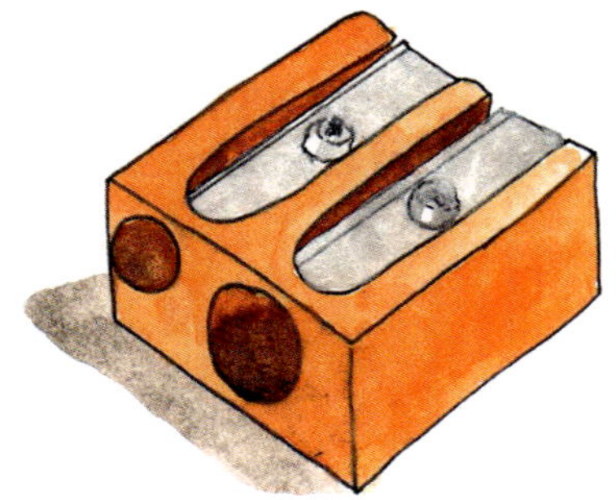

2. Wie Bild-Diktate gelingen

Achten Sie bei der Durchführung von Bild-Diktaten auf folgende Grundprinzipien:

Gute Strukturierung und Vorbereitung des Arbeitsplatzes

- Am Arbeitsplatz befinden sich nur die Materialien und Werkzeuge, die für die jeweilige Stunde benötigt werden. Werden zum Beispiel nur Bleistift, Radiergummi und Spitzer benötigt, dann kann das Mäppchen weggeräumt werden, damit die Kinder mehr Platz haben und fokussiert sind.

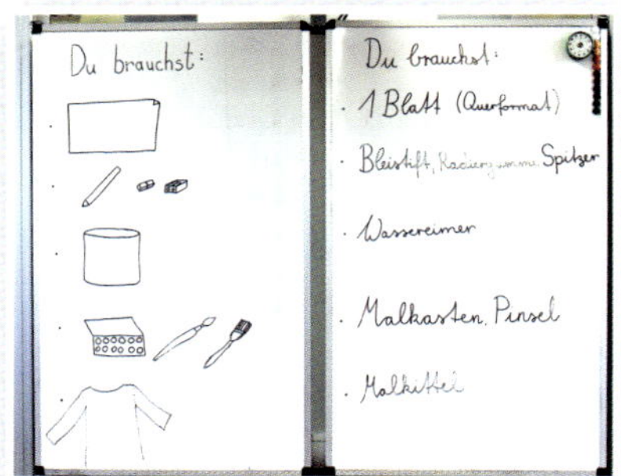

- Visualisierungen anhand von Materialkarten an der Tafel erleichtern die Vorbereitung des Arbeitsplatzes, bevor es losgeht.

- Regeln Sie alle organisatorischen Aspekte vor Beginn des Bild-Diktats:
  a) das gesamte Material an den Platz holen
  b) Zeichenmedium beschriften
  c) Blatt oder Maluntergrund korrekt ausrichten

- Verwenden Sie für das Malen mit Wasserfarben große Wassereimer. Große Mais- oder Tomatendosen erhalten Sie auf Anfrage kostenlos in Restaurants oder Pizzerien. Die Vorteile der Wassereimer: pro (Gruppen-)Tisch muss nur ein Behältnis befüllt werden, die Dosen sind kippsicher und haben ein so großes Volumen, dass der Pinsel auch bei Verwendung vieler unterschiedlicher Farben sauber bleibt. Dies ist auch am Ende der Stunde von Vorteil, denn die Pinsel müssen nicht mehr am Waschbecken ausgewaschen werden und die Entleerung des Eimers funktioniert zeitsparend und unkompliziert.
  Erfragen Sie zuvor, ob die Dosen mit einem Sicherheitsdosenöffner geöffnet wurden, da dieser keine scharfen Kanten hinterlässt. Diese könnten ansonsten ein Verletzungsrisiko für die Kinder darstellen.

- Nutzen Sie feste Dienste für das Wasserholen, das Verteilen des Materials und das Reinigen der Tische. Die Kinder lernen so, Verantwortung für die Klasse zu übernehmen, und die regelmäßigen Abläufe helfen Ihnen, die notwendigen Aufbau- und Aufräumphasen zeitsparend zu gestalten.

Einleitung

Flexibilität und ein breites Malangebot

Beim Zeichnen denken wir meist nur an den Bleistift und ein rechteckiges Stück Papier. Dabei nimmt die Erprobung von neuen Materialien und Werkzeugen einen elementaren Stellenwert im Lehrplan Kunst ein. Erweitern Sie den Kunstbegriff Ihrer Schüler durch die Verwendung neuer Zeichen- und Malwerkzeuge sowie Formate und lassen Sie sich selbst zu neuen Gestaltungsideen inspirieren. Durch das Einrichten einer Zeichenwerkstatt, bei der die Schüler aus verschiedenen Maluntergründen und Werkzeugen wählen dürfen, können Sie ein breites Materialangebot schaffen und kreative Impulse zum regelmäßigen Zeichnen und Malen setzen.

Durch ein detailliertes Gespräch über die Eigenschaften bestimmter Materialien – selbst bekannter wie dem Bleistift – können Sie die Materialerprobung für die Kinder bewusster gestalten. Es ist dabei möglich, Tipps oder Erklärungen vorweg zu geben oder aber die Materialeigenschaften von den Kindern selbst erkunden zu lassen und im Reflexionsgespräch und / oder auf Lernplakaten zu sichern. Kindgerecht formulierte Tipps unterstützen die Schüler bei einem erfolgreichen Zeichenprozess und bereiten ihnen Freude in der Begegnung mit dem Material.
Im Folgenden finden Sie drei Beispiele für kindgerechte Tipps:

- Für eine Skizze benötigt man möglichst helle Bleistiftlinien, die sich leicht wegradieren lassen. Wenn du etwas vorzeichnest, dann „streichle“ das Blatt nur sanft mit dem Bleistift wie mit einer Feder.
- Um kräftige Farben aus den Wasserfarben zu mischen, muss man die Farbe mit dem (gerade nach oben stehenden) Pinsel „kitzeln, bis sie kichert“ und kleine Blubberbläschen zu entdecken sind.
- Um an alle Kanten zu kommen, musst du nicht die Hand, sondern nur das Blatt drehen. Der Pinsel schaut immer neugierig mit den Borsten zu der Kante, die er anmalen möchte.

viereckige Zeichenuntergründe:
- DIN-A3- / DIN-A4-Zeichenblockpapier
- quadratisch geschnittenes Papier
- Modern-Art-Format (z. B. über *www.shop.labbe.de)*
- unbedruckte Pizzakartons

kreisförmige Zeichenuntergründe:
- kreisförmig geschnittenes Papier
- Pappteller
- Bierdeckel (unbedruckt)

farbige Zeichenuntergründe und XXL-Formate:
- Packpapierrollen
- Zeichenpapierrollen
- buntes Papier

mehreckige Papierformate:
- Drachen, Sechseck, Dreieck, zum Beispiel zugeschnitten aus Zeichenblockpapier

Die Durchführung

Die erfolgreiche Durchführung eines Bild-Diktats hängt zu jeweils gleichen Anteilen von einer sinnvollen Visualisierung und der darauf abgestimmten Kommunikation ab.

Es ist hilfreich, aber nicht notwendig, dass die Kinder das fertige Ergebnis vor dem Bild-Diktat gesehen haben. Dagegen ist es für das Gelingen des Bild-Diktats unerlässlich, die Kinder Schritt für Schritt anzuleiten. Lassen Sie den Kindern zwischen den Schritten genügend Zeit, gehen Sie zwischen den einzelnen Schritten durch die Reihen und geben Sie ein positives, aber auch korrigierendes Feedback. Die einzelnen Zeichenschritte können Sie den Rasterdarstellungen bei den einzelnen Bildmotiven entnehmen. Die dazu passende verbale Anleitung für die Schüler finden Sie direkt unter dem jeweiligen Bild.

Sie können die einzelnen Zeichenschritte wahlweise ...

a) aus dem Heft entnehmen und schrittweise mit dem Overheadprojektor oder einem Beamer an der Tafel präsentieren oder
b) selbst an der Tafel Schritt für Schritt vorzeichnen. Haben Sie keine Angst vor „Fehlern". Unabhängig von Ihrem eigenen zeichnerischen Talent, sind die Bild-Diktate auch für Sie leicht umsetzbar und stellen lediglich einen Bezugsrahmen für die Kinder dar. Die Kinder sind durch die Tafelzeichnungen der Lehrkraft oft begeistert und motiviert. Sie nehmen damit eine wichtige Vorbildfunktion für ihre Schüler ein. Nicht zuletzt können Sie sich besser in Ihre Schüler einfühlen, eventuelle Herausforderungen wahrnehmen und darauf hinweisen.
   Falls Sie an der Tafel zeichnen, sollten Sie zu Beginn Ihren Zeichenbereich (Rechteck, Kreis etc.) dem Zeichenformat der Kinder durch eine Markierung anpassen.

Wählen Sie eine für Sie angenehme und für die Schüler gut sichtbare, große Visualisierung der einzelnen Zeichenschritte, denn diese sind eine wichtige Orientierung für die Zeichnung der Kinder.

Bis auf einige Ausnahmen sind die Übersichtsblätter zu den Bild-Diktaten nicht als Arbeitsblattkopie geeignet. Lediglich einzelne Bild-Diktate sind in Form eines selbstständigen Arbeitsblattes für die Kinder gestaltet und nutzbar (Auftragskarte „Der Fuchs in der Tulpenwiese" s. S. 15, Kopiervorlage „Regen zeichnen" S. 45 / 46, Kopiervorlage „Teekannen" S. 49, Kopiervorlage „Charakterköpfe auf Pizzakartons" S. 63 / 64).

Die Kommunikation zum Bild-Diktat

Visualisierung und Kommunikation sollten bei den Bild-Diktaten immer Hand in Hand gehen. Durch kindgerechte Anweisungen beim Bild-Diktat helfen Sie den Kindern, verschiedene Aspekte der Figur, die Größenverhältnisse und die Formgestaltung bewusst wahrzunehmen und darzustellen.
Visuelle Vergleiche zum Beispiel zu bekannten Formen wie Zahlen oder Buchstaben und Hinweise auf bekannte Größen als Bezugsrahmen – die eigene Handfläche, die Größe einer 2-Euro-Münze – helfen den Kindern, die Zeichnung so genau wie möglich umzusetzen.
Bei allen Bild-Diktaten sind sinnvolle Anweisungen jeweils unter den Zeichnungen angefügt.

Wertschätzung und Feedback

Für die Kommunikation innerhalb der Lerngruppe haben sich folgende Regeln bewährt:

- Verbannen Sie gemeinsam mit ihren Kindern Fragen wie „Sieht das schön aus?“ sowie abwertende Sätze zu eigenen und fremden Bildern aus dem Klassenzimmer.
- „Das kann ich nicht.“ Der Satz hemmt die Kinder in ihrer Lernleistung und stoppt den Entwicklungsprozess bereits vor dem ersten Lernversuch. Bieten Sie Ihren Schülern alternativ den Satz an: „Das lerne ich jetzt.“ Ermutigen Sie sie, Neues auszuprobieren.
- Machen Sie Ihren Kindern transparent, dass Sie zur Bewertung ihrer Bilder nicht das Feedback der Lehrkraft oder Mitschüler brauchen, sondern selbst Mündigkeit in der Einschätzung der eigenen Zeichenleistung erlangen sollen und können.
- Unabhängig von der eigenen Einschätzung kann ein Feedback von außen sinnvoll und hilfreich sein, sofern es in wertschätzender Sprache formuliert ist. Verbesserungsvorschläge sollten nicht als abwertende Kritik, sondern in Form von Tipps für die nächste Gestaltung verbalisiert werden.

Sinnvolle Präsentation der Arbeitsergebnisse

Die Präsentation der Arbeitsergebnisse dient der bewussten Betrachtung, aber auch der Würdigung der künstlerischen Leistung. Zur Reflexion der Arbeitsergebnisse können Sie ...

- eine anonyme Auswahl aussagekräftiger und unterschiedlicher Kunstwerke an der Tafel präsentieren. Versehen Sie die Bilder zur Erleichterung einer eindeutigen Kommunikation mit Zahlen.
- einen stillen Museumsrundgang durch das Klassenzimmer machen, bei dem alle fertigen Bilder (z. B. auf Tischen) präsentiert werden und die Schüler für einen vorher festgelegten Zeitraum eine Betrachtungsaufgabe durchführen. Leise Hintergrundmusik unterstützt die Kinder dabei, sich auf die Kunstwerke zu konzentrieren. Anschließend können die Kinder durch ihre Position im Raum ihre Meinung transparent machen. Dadurch werden alle Kinder in den Reflexionsprozess einbezogen, unabhängig von ihrer sprachlichen Artikulationsfähigkeit.
  Mögliche Impulse:
  - Welches Bild hat dir besonders gut gefallen?
  - In welchem Bild sprechen dich die Farben / Formen besonders an?
  - In welchem Bild hast du etwas Neues entdeckt?

Die räumliche Verteilung der Kinder kann als Gesprächsimpuls für einzelne Gestaltungen genutzt werden und die Schüler können zu einer Begründung ihrer Wahl animiert werden.

Zur Präsentation und Ausstellung der Arbeitsergebnisse können Sie ...

- je nach Motiv unterschiedliche Aufhängungsmethoden nutzen (in Reihen, an Wäscheleinen, sich überlappend, mit einem Passepartout versehen). Hängen Sie im Sinne einer gleichberechtigten Würdigung möglichst die Kunstwerke aller Kinder auf.
- die Ausstellung mit einer passenden Beschriftung versehen (z. B. von den Kindern gestaltet), die den Stundenkontext für den Betrachter herstellt. Durch ergänzende Such- und Betrachtungsaufgaben kann die Reflexion über die Grenzen der Unterrichtstunde und Klassengemeinschaft hinaus noch erweitert werden.

Leistungsbewertung

Die Grundlage für eine qualitative und faire Leistungsbewertung stellt die Transparenz dar. Diese kann nur dann gegeben sein, wenn die zu Grunde liegenden Kriterien zu Beginn genannt werden und während der gesamten Bearbeitungszeit für die Kinder präsent sind. Nur dann können sich die Schüler bei ihren eigenen Gestaltungen daran orientieren.

Verbalisieren Sie die Kriterien mit dem Arbeitsauftrag und visualisieren Sie diese zusätzlich an der Tafel. Für Schüler der ersten und zweiten Klasse sowie leseschwache Kinder sollte auf eine Visualisierung durch Bilder zurückgegriffen werden. Für Schüler der höheren Klassen können auch stichpunktartige Sätze genutzt werden.

Zur Optimierung der Transparenz können Sie die Schüler in die Bewertung des eigenen Zeichenergebnisses mit Hilfe eines Bewertungsbogens im Einzelgespräch einbeziehen.

Verstehen Sie die Bild-Diktate als Impulsgeber für eine eigene Darstellung und leiten Sie Ihre Schüler und sich dazu an, das Unvorhergesehene zu schätzen und zuzulassen. Sich von der Vorgabe zu lösen, bedarf einer kreativen Leistung und diese kann zu einem positiven Ergebnis auf dem Papier und in der Leistungsbewertung beitragen. Infolgedessen sollte die Bewertung der Schülerleistung auf der Grundlage vieler Kriterien erfolgen:

- Umsetzung des Bild-Diktats im Sinne der Erkennbarkeit des Motivs
- kreative Leistung in der Ausgestaltung des Bildes
- individueller Leistungsfortschritt
- Lernverhalten des Schülers während des Unterrichts und der Durchführung des Bild-Diktats

3. Tipps für tolle Ergebnisse

- Haben Sie Mut zur Größe – bildfüllende Motive erzeugen eine bessere Wirkung.
- Lassen Sie Zeit fürs Zeichnen – Orientieren Sie sich mit der Zeitplanung an Ihrer Lerngruppe. Das Zeichnen unter Zeitdruck kann zu Frustration führen, zu viel Zeit hingegen kann den Hang zum Perfektionismus negativ fördern. Eine geeignete Differenzierungsaufgabe erleichtert die individuelle Förderung.
- Geben Sie kleinschrittige Tipps im Umgang mit Zeichenmaterial (s. „Flexibilität und ein breites Materialangebot").
- Abbildungen von Tieren und Menschen geben die Möglichkeit, einen bestimmten Gesichtsausdruck darzustellen. Dieser wird vor allem durch die Position und Form der Augen, der Augenbrauen und des Mundes erzeugt.
- Glanzpunkte in den Augen lassen das Bild lebendiger und realistischer aussehen.
- Seien Sie offen für Variationen und bieten Sie Ihren Schülern Wahlmöglichkeiten. Passen Sie die Motive, Materialien und Unterrichtsgestaltungen an die Bedürfnisse Ihrer Lerngruppe an.

4. Häufige Fehler – Stolpersteine

- Die Schüler zeichnen zu klein und nutzen nur einen Bruchteil der Zeichenfläche.

  - Weisen Sie zu Beginn des Bild-Diktats darauf hin, dass das gesamte Blatt genutzt werden soll.
  - Nutzen Sie Größenvergleiche bei der Beschreibung der einzelnen Zeichenschritte (s. auch „Die Kommunikation zum Bild-Diktat", S. 6).

- Die Schüler sind frustriert über Diskrepanzen zwischen der eigenen Zeichnung und dem Tafelbild oder dem eigenen Anspruch. Infolgedessen verweigern sie das weitere Zeichnen.

  - Das Ziel der Bild-Diktate ist es nicht, ein Motiv exakt zu reproduzieren. Weisen Sie die Kinder darauf hin, dass jedes Kind sein eigenes Bild zeichnet und dass dieses seinen Wert erst durch die Individualität und Abgrenzung von der Vorlage erlangt.
  - Bitten Sie Ihre Schüler, ein selbst gemaltes Bild aus der Kindergartenzeit und ein gelungenes Bild, das sie innerhalb der letzten Monate gezeichnet haben, zu vergleichen. Durch den Vergleich der beiden Bilder wird der Lernerfolg visualisiert und damit wird für die Kinder greifbar, dass eine Steigerung der eigenen Fähigkeiten nur durch Übung erreicht wird.
  - Nutzen Sie eine kurze „warme Dusche", indem Sie andere Schüler bitten, die Vorzüge des Bildes zu benennen und das Kind dadurch zu ermutigen.

- Die Schüler haben Schwierigkeiten, die Anleitungen des Bild-Diktats von der Tafel zu übertragen.

  - Zeichnen Sie den jeweiligen Arbeitsschritt erneut auf einem Schmierblatt, das direkt am Arbeitsplatz des Kindes liegt.

- Durch die Positionierung auf dem Papier bleibt nicht genug Platz für das vollständige Motiv.

  - Vermitteln Sie Ihren Schülern das Prinzip des „angeschnittenen" Motivs. Ein Teil des Motivs darf dabei über den Bildrand hinausragen. Oftmals entstehen dadurch sogar besonders interessante Bildergebnisse.

BVK • Lydia Wilczek: Bild-Diktate. Schritt-für-Schritt-Anleitungen zum Zeichnen und Gestalten

Der Fuchs in der Tulpenwiese (Klasse 1–2) (1)

Zeitbedarf:
2–3 Unterrichtsstunden

Fächerübergreifende Bezüge:
SU: Frühling / Frühblüher / Tulpen / Fuchs
De: Märchen

Materialempfehlung:
DIN-A3-Zeichenblockpapier (Hochformat), Bleistift, Radiergummi, Spitzer, Wasserfarben, Pinsel, Pastellkreide oder Wachsmalstifte / Deko-Tautropfen, Flüssigkleber, Geschichte „Der kleine Fuchs und die Zaubertulpe“ (S. 14 / 15)

Lernziele / **Kompetenzerwartungen:**
- vereinfachte grafische Darstellungen eines Fuchses und von Tulpenblüten
- zielgerichtete Ausgestaltung eines Hintergrunds durch das Prinzip der Streuung
- **Nutzung von grafischen Mitteln und Bildzeichen zum Schmücken und Verzieren (z. B. Ornamente, Schmuckelemente / Gestaltung der Tulpen)**
- **Experimentieren mit unterschiedlichen Materialien und Beschreibung der eigenen Erfahrungen (Nutzung der wasserabweisenden Konsistenz der Wachsmalkreiden)**
- **Nutzung von Farben und Farbwirkungen bei der Gestaltung von Bildern und Objekten**
- **Zu- und Einordnung von Bildzeichen (Vordergrund – Hintergrund)**

Tipps für die Umsetzung:
- Zum Stundeneinstieg eignet sich die Geschichte „Der kleine Fuchs und die Zaubertulpe“ (s. S. 14 / 15). Von der Geschichte wird zunächst nur Seite 14 vorgelesen. Danach gestalten die Kinder das Bild mit Hilfe des Bild-Diktats. Das Ende der Geschichte kann anschließend zur Gestaltung der Reflexionsphase genutzt werden.
- Bei diesem Motiv ist es besonders wichtig, die Kinder daran zu erinnern, großformatig zu zeichnen und das gesamte Blatt für die Zeichnung des Fuchses zu nutzen. Größenvergleiche helfen den Kindern, richtige Größenverhältnisse beim Zeichnen einzuhalten, zum Beispiel: „Zeichne die Tulpen so groß wie deinen Handteller, die Augen sollten so groß sein wie Erbsen.“
- Zur Anleitung von Bild-Diktaten in Klasse 1 ist es sinnvoll, die einzelnen Zeichenschritte mit einfachen, den Kindern bekannten Formen (z. B. Buchstaben) zu vergleichen. So kann zum Beispiel die Tulpe zusammengesetzt werden aus einem W und einem darunterliegenden U.
- Der Fuchs wird mit Bleistift vorgezeichnet. Anschließend werden zunächst die Tulpen gezeichnet und dann mit Wachsmalstiften die Stängel grün nachgemalt und die Blüten in den Farben Rot, Gelb oder Orange ausgemalt. Erst danach nutzen die Kinder die Wasserfarben zum Kolorieren des Fuchses. Wahlweise kann der Hintergrund mit Wasserfarben in Hellgrün gestaltet werden. Die wasserabweisende Wirkung der Wachsmalstifte erleichtert den Kindern hierbei den Farbauftrag, da sie über die Tulpen hinwegmalen können.

Der Fuchs in der Tulpenwiese (Klasse 1 – 2) (2)

Reflexionsimpuls / weiterführender Hinweis:

- Zum Abschluss der Stunde kann eine mit Nummern versehene Auswahl an Bildern (ca. 4 – 5 Stück) an der Tafel gemeinsam betrachtet werden. Achten Sie bei der Auswahl der Schülerarbeiten auf möglichst unterschiedliche Darstellungen von Tulpen und Füchsen.
- Als Einstiegsimpuls für die Reflexion eignet sich eine abgewandelte Form des Spiels „Ich sehe was, was du nicht siehst“. Dadurch kann der Blick der Kinder auf die Gestaltungsweise von Füchsen und Tulpen gelenkt und diese gemeinsam reflektiert werden.
- Zum Abschluss wählen die Kinder eine Zaubertulpe auf ihrem Bild aus und kleben auf die drei Blütenspitzen drei kleine Deko-Tautropfen.

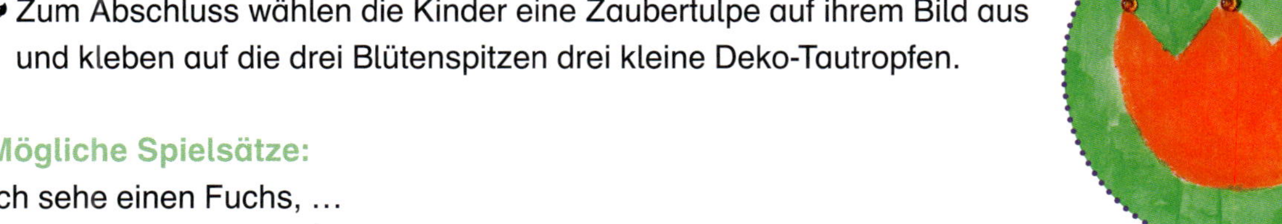

Mögliche Spielsätze:

Ich sehe einen Fuchs, …

- der hat besonders große Ohren.
- der hat viele verschiedene Farben in seinem Fell.
- der sieht ängstlich / nachdenklich / fröhlich aus.

Ich sehe eine Tulpe, …

- die hat eine andere Farbe als alle anderen Blumen auf dem Feld.
- die ist besonders klein / schön / rot / zackig.
- die sieht wie eine ganz andere Blume aus.
- die könnte die Zaubertulpe sein.

Mögliche Kriterien zur Leistungsbewertung:

- Umsetzung der Angaben beim Bild-Diktat (Position / Größe / Linienführung der Zeichnung) und daraus resultierend die Erkennbarkeit des Motivs
- Umsetzung der gestalterischen Vorgaben / Kriterien (Farbauswahl für Fuchs und Tulpen, Anzahl / Anordnung der Tulpen)
- Sorgfalt der künstlerischen und farblichen Ausgestaltung
- evtl. kreative Umsetzung bei der Darstellung des Fuchses oder der Streuung der Tulpen (Wurde z. B. ein Vorder- / Hintergrund geschaffen?)

Schülerarbeiten

Bild-Diktat: Der Fuchs in der Tulpenwiese (1)

Zeichne als Nase ein Dreieck mit abgerundeten Ecken. Die Spitze zeigt nach unten. Die obere Kante des Dreiecks liegt fast in der Bildmitte.	Zeichne darauf zwei lange Spazierstöcke. Die Griffe zeigen nach außen.	Zeichne auf der linken und rechten Seite je eine Linie. Damit verbindest du die Nase und die Enden der beiden Spazierstöcke.
Zeichne zwei spitze Fuchsohren und verbinde sie mit einer geraden Linie. Mit einer leicht gezackten Linie kannst du die Ohrenspitzen anzeichnen.	Zeichne den Körper, indem du zwei Linien von der Nase und vom Kopf aus bis zum Bildrand ziehst.	Füge die Augen und Schnurrhaare hinzu.

BVK • Lydia Wilczek: Bild-Diktate. Schritt-für-Schritt-Anleitungen zum Zeichnen und Gestalten

Bild-Diktat: Der Fuchs in der Tulpenwiese (2)

Für die Tulpenwiese im Hintergrund zeichnest du überall verteilt den Buchstaben W. Zeichne ihn in unterschiedlichen Größen.	An jedes W zeichnest du unten ein U. An manchen Stellen können sich die Tulpen überlappen oder aus dem Bildrand schauen.	Zeichne nun mit geraden Linien Stängel und spitze Tulpenblätter von oben bis zum Bildrand unten. Unterbreche die Linie dort, wo sie auf den Fuchs oder eine andere Tulpe trifft.

BVK • Lydia Wilczek: Bild-Diktate. Schritt-für-Schritt-Anleitungen zum Zeichnen und Gestalten

Geschichte: Der kleine Fuchs und die Zaubertulpe

Im Land der Wiesen und Wälder lebte Familie Fuchs in einem prächtigen, unterirdischen Fuchsbau. Wenn es für die drei kleinen Füchse Zeit wurde, sich schlafen zu legen, erzählte ihnen ihre Mutter Geschichten vom Wald, von den berühmtesten aller Füchse und ihren Abenteuern sowie von verzauberten Blumenwiesen. Natürlich berichtete sie auch von dem gefährlichen Hirsch Myrrhe, dem man nachsagte, er sei ein böser Zauberer.
„Passt bloß auf, dass ihr niemals den kleinen Bach überquert, wenn ihr im Wald umhertollt!", warnte die Mutter. „Dieser Teil des Waldes gehört Myrrhe und niemand, der sich dorthin verirrt hat, kehrte jemals wieder zurück."

Besonders Fuchek, der kleinste Fuchs von allen, liebte die Erzählungen und hörte seiner Mutter immer ganz genau zu. Seine zwei Brüder hingegen zankten sich derweil um einen Regenwurm und hörten die Warnung der Mutter nicht. Am nächsten Tag strichen die drei kleinen Füchse allein durch den Wald, als sie plötzlich den Bach vor sich liegen sahen. Fuchek versuchte, seine zwei Brüder zu warnen, den Bach nicht zu überqueren, doch sie lachten ihn nur aus und nannten ihn einen Feigling. Als sie ihre Pfoten auf die andere Seite des Baches setzten, wurden sie sofort zu Stein.
Fuchek erschrak. Hinter ihnen kam aus dem Wald ein riesiger, schwarzer Hirsch. „Komm nur!", lockte er Fuchek mit böser Stimme. „Ich würde mich freuen, eine weitere Steinfigur für meinen Wald zu bekommen."
Weinend rannte der kleine Fuchs davon. Wie sollte er seinen beiden Brüdern nur helfen? Da strich plötzlich ein leichter Wind durch sein Fell und eine leise Stimme wisperte in sein Fuchsohr: „Finde die Wiese der bunten Blumen. Wenn du die eine Zaubertulpe unter Hunderten von Tulpen erkennst und pflückst, so kannst du damit deine Brüder befreien und Myrrhe bezwingen."
Tage und Nächte wanderte der kleine Fuchs, bis er an eine Lichtung kam, auf der das Sonnenlicht Hunderte von Tulpen aufleuchten ließ, große und kleine, rote, gelbe und orangefarbene. Wie sollte er nur die eine magische Zaubertulpe unter ihnen finden?

BVK • Lydia Wilczek: Bild-Diktate. Schritt-für-Schritt-Anleitungen zum Zeichnen und Gestalten

Der Fuchs in der Tulpenwiese

Arbeitsauftrag:

Hilf dem kleinen Fuchs bei der Suche nach der richtigen Tulpe.
Wir zeichnen zuerst Fuchek gemeinsam und dann darfst du die Tulpenwiese mit Wachsmalstiften dazu selbst gestalten. Hinterher malst du den Fuchs mit Wasserfarben aus. Am Ende der Stunde wählen wir gemeinsam eine Zaubertulpe auf jedem Bild aus und hören das Ende der Geschichte.

Arbeitsauftrag zur Reflexion:

Wähle aus deinem Bild eine Blüte aus, die deiner Meinung nach die Zaubertulpe ist. Klebe auf die Blütenspitze drei Tautropfen.

BVK • Lydia Wilczek: Bild-Diktate. Schritt-für-Schritt-Anleitungen zum Zeichnen und Gestalten

Ende der Geschichte:

Da fiel Fuchek plötzlich ein Glitzern ins Auge. Es kam von drei Tautropfen, die auf der Spitze einer der Blüten gelegen hatten. Es war die einzige Tulpe, die trotz der Hitze der Sonne immer noch mit Tautropfen bedeckt war. Das musste die richtige Blume sein!
Fuchek pflückte die Blume und rannte zurück in Richtung des Baches. Dort kamen ihm bereits seine zwei Brüder zusammen mit vielen anderen Tieren entgegen, die nun nicht mehr verzaubert waren.
Zusammen feierten sie voller Freude ein großes Waldfest. Den Zauberer Myrrhe hat seither niemand mehr gesehen.

BVK • Lydia Wilczek: Bild-Diktate. Schritt-für-Schritt-Anleitungen zum Zeichnen und Gestalten

Hase im Gemüsebeet (Klasse 1 – 3) (1)

Zeitbedarf:
2 Unterrichtsstunden

Fächerübergreifende Bezüge:
Ostern / Hasen
SU: Gemüse und Zwiebelpflanzen / Tulpenzwiebeln

Materialempfehlung:
DIN-A3-Zeichenblockpapier (Querformat), Bleistift, Radiergummi, Spitzer, Wasserfarben, Pinsel, evtl. Blumenzwiebeln oder Wurzelgemüse mit Blattwerk (ggf. als Abbildung)

Lernziele / **Kompetenzerwartungen:**
- vereinfachte grafische Darstellung der Rückansicht eines Hasen
- Kennenlernen des (Quer-)Schnitts als mögliche Darstellungsform für das Sichtbarmachen im Boden verborgener Pflanzen
- **Nutzung von Farben und Farbwirkungen bei der Gestaltung von Bildern und Objekten**
- **Zu- und Einordnung von Bildzeichen (Oberfläche – Untergrund)**

Tipps für die Umsetzung:
- Je nach Themenbezug kann das Motiv die Darstellung von Wurzelgemüse oder Blumenzwiebeln beinhalten.
- Zum thematischen Stundeneinstieg eignet sich ein Gespräch über die typischen Wuchsmerkmale von Wurzelgemüse oder Blumenzwiebeln.
- Mit Hilfe des Bild-Diktats werden gemeinsam die Horizontlinie sowie der Hase in der Rückansicht dargestellt.
- Das Gemüse / die Blumen werden von den Kindern selbstständig gestaltet. Echte Blumenzwiebeln oder Wurzelgemüse mit Blattwerk sowie Abbildungen davon unterstützen als Zeichenvorlage den Zeichenprozess.
- In Bezug auf die farbliche Gestaltung des Bildes eignen sich Gemüsesorten, die sich farblich vom Braunton der Erde abheben.
- Erarbeiten Sie den Begriff des Querschnitts / Schnitts als künstlerische Darstellungsvariante, die in diesem Bild genutzt wird, um die unter der Erde liegenden Pflanzen in ihrem natürlichen Wuchs darzustellen.

Reflexionsimpuls / weiterführender Hinweis:
- Zum Abschluss der Stunde können alle Kunstwerke auf einer großen Fläche (Fußboden / Tafel) in der Klasse präsentiert werden.
- Um den Blick der Kinder auf verschiedene Gestaltungskriterien zu lenken, wird zunächst eine Sortieraufgabe gegeben. Anschließend werden visuelle Suchaufträge gestellt, die als Gesprächsanlass dienen. Lassen Sie die Kinder ihre Auswahl stets begründen.

Hase im Gemüsebeet (Klasse 1 – 3) (2)

1. Sammle links alle Bilder mit wenigen Gemüsesorten und rechts alle Bilder mit vielen unterschiedlichen Gemüsesorten. (Welche Seite gefällt dir besser und warum?)
2. Suche ein Bild, …
   - bei dem das Gemüse besonders echt aussieht.
   - bei dem die Farben leuchten.
   - mit dem größten / kleinsten Hasen.
   - mit einer Gemüsesorte, die du noch nie gegessen hast.
   - das der Hase auswählen würde.

- Mögliche Hausaufgabe für die höheren Klassenstufen: Suche dir ein anderes verstecktes „Innenleben“, dass du durch eine Querschnittszeichnung sichtbar machst (z. B. deine Füße in Gummistiefeln, die Zimmer in einem Haus).

Mögliche Kriterien zur Leistungsbewertung:

- Umsetzung der Angaben beim Bild-Diktat (Position / Größe / Linienführung der Zeichnung) und daraus resultierend die Erkennbarkeit des Motivs
- Umsetzung der Querschnittsdarstellung zur Abgrenzung von Oberfläche und Untergrund
- Kreativität und künstlerische Gestaltung bei der Auswahl und Darstellung der Pflanzen
- Sorgfalt der künstlerischen und farblichen Ausgestaltung

Schülerarbeiten

Bild-Diktat: Hase im Gemüsebeet

Zeichne eine Linie von der linken zur rechten Seite in der Mitte des Blattes.

Zeichne darauf einen Kreis, der etwas größer als ein Teelicht ist.

Zeichne darüber einen größeren Kreis, der auch die Linie berührt. Lasse zum oberen Bildrand hin viel Platz.

Zeichne drei Halbkreise. Einen oben auf den größeren Kreis, einen links und rechts. Die Kreise an den Seiten sollten kleiner sein und auch die Linie berühren, denn sie stellen die Pfoten dar.

Nutze nun den gesamten verbleibenden Platz über dem Halbkreis oben, um zwei mandelförmige Ohren zu zeichnen. Wenn du möchtest, kannst du auch ein oder zwei Knick- oder Schlappohren zeichnen.

Zeichne dem Hasen nun Tasthaare. Füge das Wurzelgemüse / die Blumenzwiebeln deiner Wahl hinzu. Male dein Bild mit Wasserfarben an.

BVK • Lydia Wilczek: Bild-Diktate. Schritt-für-Schritt-Anleitungen zum Zeichnen und Gestalten

Verrückte Hühner und hübsche Hähne (Klasse 2–4) (1)

Zeitbedarf:
1–2 Unterrichtsstunden

Fächerübergreifende Bezüge:
Frühling / Ostern
SU: Hühner / Bauernhoftiere

Materialempfehlung:
weiße Pappteller (nicht beschichtet) und Wachsmal- / Pastellkreiden, alternativ rund geschnittenes Papier und Wassermalfarben, Bleistift, Radiergummi, Spitzer, evtl. Zirkel, optional Material zum dreidimensionalen Ausgestalten: Federn, Perlen, Glitzerpuder, Fäden, Stoffreste, Pfeifenputzer, Musterpapiere etc., Flüssigkleber

Lernziele / **Kompetenzerwartungen:**

- grafische Darstellung eines Huhns oder Hahns im Porträtformat
- zielgerichtete Ausgestaltung einer Figur mit der Absicht einer Charakterdarstellung
- **Verwendung grafischer Mittel und Bildzeichen zum Schmücken und Verzieren (z. B. Ornamente, Schmuckelemente)**
- **Experimentieren mit unterschiedlichen Materialien und Beschreiben der Erfahrungen (Zeichnen auf einem runden Maluntergrund / Pappteller)**
- **Erprobung und Verarbeitung von Farben und Farbmaterialien mit unterschiedlichen Werkzeugen auf unterschiedlichen Maluntergründen**
- **Erprobung bildnerischer Absichten mit unterschiedlichen Werkzeugen und Reflexion über die Zusammenhänge von Absicht und Wirkung**

Tipps für die Umsetzung:

- Falls Sie sich für das runde Papier als Maluntergrund entscheiden, kann das Vorzeichnen und Zuschneiden des Blattes in Klasse 4 fächerübergreifend zum Mathematikunterricht mit dem Zirkel erfolgen. Bei einem großen Zeichenblock empfiehlt sich eine Radiusgröße von 14,5 cm, bei einem DIN-A4-Blatt eine Radiusgröße von 10,3 cm. Falls gewünscht, kann ein Rand von ca. 1 cm durch das Zeichnen eines kleineren Kreises erzeugt werden.
- Zum Stundeneinstieg eignet sich eine Bildbetrachtung zum Fotoband „Verrückte Hühner“ von Stephen Green-Armytage oder aber ein Geschichteneinstieg über das Bilderbuch „Frau Fenskes verrückte Hühner“ von Leone Peguero und Mike Spoor (nur noch gebraucht erhältlich).
- Die Grundform des Huhns wird gemeinsam gezeichnet. Der Arbeitsauftrag für die Kinder besteht darin, das Huhn weiter auszugestalten, zum Beispiel durch ein besonderes Federkleid, Accessoires wie Brillen, Schmuck und Hüte oder eine besondere Farbgebung. Dies wird mit Wachsmal- / Pastellkreiden gemacht.

BVK • Lydia Wilczek: Bild-Diktate. Schritt-für-Schritt-Anleitungen zum Zeichnen und Gestalten

Verrückte Hühner und hübsche Hähne (Klasse 2–4) (2)

Reflexionsimpuls / weiterführender Hinweis:

- Zur Ausgestaltung der gemalten Hühner können Sie auch dreidimensionale Materialien – zum Beispiel in Form einer kleinen Materialwerkstatt – zur Verfügung stellen (Pailletten, Glitzer, Knöpfe, Pfeifenputzer, bunte Federn etc.).
  Dadurch wird der Arbeitsauftrag zu einer räumlichen, dreidimensionalen Gestaltungsaufgabe erweitert. Zur Befestigung dieser Materialien empfiehlt sich Flüssigkleber.
- Reflexionsimpulse: Einen passenden Namen für ein Huhn finden oder zuordnen (Kaffee-Trude, Regenbogen-Hilde, Rocker-Rudi etc.) und die eigene Entscheidung begründen. In höheren Klassenstufen können auch Charaktereigenschaften durch Wortkarten zugeordnet werden.

Mögliche Kriterien der Leistungsbewertung:

- Umsetzung der Angaben beim Bild-Diktat (Position / Größe / Linienführung der Zeichnung) und daraus resultierend die Erkennbarkeit und Wirkung des Motivs
- Kreativität und Sorgfalt der künstlerischen und farblichen Ausgestaltung

Schülerarbeiten

Bild-Diktat: Verrückte Hühner und hübsche Hähne

Markiere dir auf der linken und rechten unteren Hälfte zwei Punkte, die auf derselben Höhe liegen. Zeichne einen breiten Kegel von einem Punkt zum anderen.	Füge links und rechts zwei Bögen als Flügel hinzu. Eine Zickzacklinie zeigt, wo das Gefieder vom Kopf in den Hals übergeht.
Zeichne zwei runde Augen. Für den Schnabel benötigst du eine Welle, die geformt ist wie ein flaches W. Unten an die Welle zeichnest du ein flaches, gebogenes V.	Nun fehlen nur noch der wellenförmige Kamm und eventuell ein Kehllappen, der die Form eines Tropfens hat.

BVK • Lydia Wilczek: Bild-Diktate. Schritt-für-Schritt-Anleitungen zum Zeichnen und Gestalten

Birken im Wald (Klasse 2–3) (1)

Zeitbedarf:
2–4 Unterrichtsstunden

Fächerübergreifende Bezüge:
Maibäume
SU: Wald / Bäume

Materialempfehlung:
großformatiges Zeichenpapier, z. B. Zeichenpapierrolle 1 m breit (Hochformat), Bleistift, Radiergummi, Spitzer, dicke Pappstreifen (z. B. alte Versandkartons in ca. 5 x 8 cm große Streifen geschnitten), Acrylfarben oder Gouache (in Hellblau, Weiß zum Aufhellen, Schwarz, Grün), Buntstifte, Pinsel in unterschiedlichen Breiten, (optional) breite Malerpinsel, buntes Krepppapier, evtl. Bild eines Birkenwalds (s. S. 24)

Lernziele / **Kompetenzerwartungen:**
- vereinfachte grafische Darstellung von Birkenstämmen
- Reduktion einer Darstellung auf einen Bildausschnitt
- Förderung des kooperativen Lernens durch die Erstellung eines Gemeinschaftskunstwerks
- Förderung der Motorik durch großformatiges Zeichnen und Malen
- **Nutzung von Farben und Farbwirkungen bei der Gestaltung von Bildern und Objekten**
- **experimentelles Erproben grafischer Werkzeuge (Spachtel aus Pappkarton)**
- **Entwicklung einfacher bildnerischer Ordnung (Hintergrund als Negativraum)**

Tipps für die Umsetzung:
- Als thematischer Stundeneinstieg kann ein Bild von einem Birkenwald mit Hilfe der Kalendermethode erkundet werden. Dabei wird auf das Bild ein Stück Papier gelegt, mit dem – ähnlich einem Adventskalender – einzelne Fenster geöffnet werden können. Beginnen Sie mit einem möglichst kleinen Fenster, durch welches das Motiv nicht eindeutig erkennbar ist. Mit jedem Fenster sollte der Bildausschnitt größer werden und das Motiv besser erkennbar. Die Schüler äußern zu jedem neuen Sichtbereich Vermutungen und Beobachtungen.
- Die Schüler erkennen dadurch, dass ein zu kleiner Bildausschnitt die Erkennbarkeit des Motivs beeinträchtigt, ein großer Bildausschnitt aber die Wirkung eines Bildes positiv beeinflussen kann, ohne die Erkennbarkeit zu beeinträchtigen.
- Die Schüler arbeiten in Gruppen. Die Anzahl der Gruppenmitglieder sollte sich nach der Größe des Bildträgers richten. An einem großen Papierstreifen (ca. 4 x 1 m) können bis zu zehn Kinder arbeiten. Für kleinere Formate eignet sich eine Gruppengröße von vier bis sechs Kindern.
- Wenn Sie einen spielerischen Zugang zur Gruppeneinteilung nutzen, steigt die Motivation der Schüler, in einer zufälligen Gruppenkonstellation zu arbeiten. Legen Sie die Gruppengröße vorher fest und befüllen Sie eine Tasche mit farblich sortierten Buntstiften. Von jeder Farbe benötigen Sie so viele Stifte, wie es die Gruppengröße vorgibt. Die Schüler ziehen der Reihe nach einen Stift und finden sich entsprechend der Farben der Stifte zusammen.

BVK • Lydia Wilczek: Bild-Diktate. Schritt-für-Schritt-Anleitungen zum Zeichnen und Gestalten

Birken im Wald (Klasse 2–3) (2)

- Weisen Sie die Schüler darauf hin, dass es sich um ein Gemeinschaftskunstwerk handelt und daher das gemeinsame Handeln im Vordergrund steht. Die Aufgaben der Gruppe sind dabei:

  - Die Aufgaben auf alle gleichermaßen zu verteilen.
  - Eine sinnvolle, respektvolle und wertschätzende Kommunikation zu führen.
  - Einheitlich abgesprochene und angemischte Farben zu verwenden.
  - Übergänge weich zu gestalten (besonders bei der Hintergrundgestaltung).
  - Mit Fehlern konstruktiv umzugehen.

- Mit Hilfe des Bild-Diktats werden gemeinsam die Umrisse der Birkenstämme vorgezeichnet.
- Die Schüler tragen anschließend blaue Farbe für den Hintergrund auf. Dadurch wird der Negativraum zwischen den blauen Flächen zur Darstellung der Birkenstämme genutzt.
- Das Blattwerk der Bäume kann mit feinen Pinseln ausgemalt werden. Für die Gestaltung des Birkenstammmusters werden dicke Pappstreifen (zum Beispiel aus alten Versandkartons geschnitten) als Spachtel genutzt. Dazu wird die Pappe an der Kante in schwarze Farbe getupft, an der Baumkante angelegt und nach innen gezogen.

Reflexionsimpuls / weiterführender Hinweis:

- Falls die Unterrichtsstunde Ende April / Anfang Mai durchgeführt wird, können entsprechend des Brauchtums (Maibäume setzen) auch bunte Kreppbänder an die Zweige der Birken geklebt werden.
- Geben Sie den Schülern zum Abschluss der Stunde einen Beobachtungsauftrag. Jedes einzelne Kind darf sich zunächst sehr nah vor das aufgehängte Kunstwerk stellen. Die Schüler sollen den Blick gerade nach vorne richten und langsam rückwärtsgehen. Ab welchem Punkt können sie das gesamte Kunstwerk erkennen?
- Reflektieren Sie anschließend die Kunstwerke und den künstlerischen Prozess unter dem kooperativen Gesichtspunkt.

  - An welchen Stellen hat die Zusammenarbeit gut funktioniert?
  - Woran kann man das innerhalb des Bildes erkennen?
  - Welche Möglichkeit zur Verbesserung der Gruppenarbeit gibt es?

- Suchen Sie gemeinsam mit den Schülern nach einer Ausstellungsfläche. Mit Hilfe von breiten goldenen Dekoklebebändern (Washi Tape® / Duck Tape®) oder (selbstklebenden) Tapetenbordüren aus dem Baumarkt, die aussehen wie ein (goldener) Bilderrahmen, können Sie das großformatige Bild befestigen und seine Wirkung unterstreichen und aufwerten.

Mögliche Kriterien der Leistungsbewertung:

- Kooperation der Schüler untereinander
- Sorgfalt der künstlerischen und farblichen Ausgestaltung im Hinblick auf den gemeinschaftlichen Aspekt (Übergänge, Farbmischung, Duktus)
- Umsetzung der Angaben beim Bild-Diktat (Position / Größe / Linienführung der Zeichnung) und daraus resultierend die Erkennbarkeit des Motivs
- Nutzung des Hintergrunds als Negativraum

BVK • Lydia Wilczek: Bild-Diktate. Schritt-für-Schritt-Anleitungen zum Zeichnen und Gestalten

Bild-Diktat: Birken im Wald

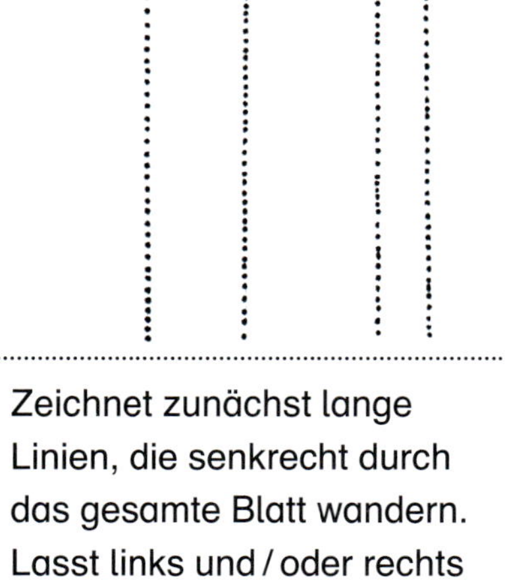

Zeichnet zunächst lange Linien, die senkrecht durch das gesamte Blatt wandern. Lasst links und / oder rechts oben für die Äste freie Stellen.	Zeichnet nun die ersten großen Äste mit schrägen Linien. Lasst wiederum für die kleineren Äste freie Stellen.	Verfeinert das Astwerk dann Schritt für Schritt. An die kleinsten Äste könnt ihr kleine mandelförmige Blätter zeichnen.

Die Robbe sagt: „Moin!“ (Klasse 2–3) (1)

Zeitbedarf:
2 Unterrichtsstunden

Fächerübergreifende Bezüge:
Sommer
SU: Meerestiere

Materialempfehlung:
DIN-A3-Zeichenblockpapier (Querformat), Bleistift, Radiergummi, Spitzer, Wasserfarben, Pinsel, Deckweiß, Wattestäbchen, evtl. CD-Player und CD mit Meeresgeräuschen, großes Stück Pappe

Lernziele / **Kompetenzerwartungen:**
- vereinfachte grafische Darstellung einer Robbe
- Mischung neuer Farbtöne aus Grundfarben und Beschreibung von deren Wirkung
- **Nutzung von Farben und Farbwirkungen bei der Gestaltung von Bildern und Objekten**
- **Zu- und Einordnung von Bildzeichen (Vordergrund – Hintergrund)**

Tipps für die Umsetzung:
- Zum Stundeneinstieg eignet sich eine Traumreise (s. S. 26), die Sie durch das Geräusch von Meereswellen (z. B. von einer CD) unterstützen können.
- Bei der Umsetzung des Bild-Diktats ist es wichtig, dass die Schüler Glanzpunkte in die Augen der Robben malen. Diese können entweder in Form kleiner Punkte direkt von Beginn an weiß gelassen oder aber am Ende mit Hilfe eines Wattestäbchens und Deckweiß aufgetupft werden.
- Die Schüler kolorieren selbstständig den Hintergrund. Die besondere Aufgabe der Kinder besteht darin, zwei neue Blautöne für die Ausgestaltung des Meeres und des Himmels zu mischen. Der Himmel sollte dabei heller als das Meer dargestellt werden. Führen Sie die Fachbegriffe Aufhellen, Abdunkeln und Mischen ein. Zum Mischen können die Farben Hellblau, Dunkelblau, Hellgrün, Dunkelgrün und in dosierten Mengen Lila und Schwarz verwendet werden.
- Für die farbliche Gestaltung des Robbenkörpers benötigen die Kinder Ocker / Hellbraun, das mit Braun abgedunkelt wird. Um eine Plastizität zu erlangen sollte die Robbe auf einer Seite (einfallendes Licht) heller und im weichen Farbverlauf auf der anderen Seite etwas dunkler gestaltet werden.

Reflexionsimpuls / weiterführender Hinweis:
- Zum Abschluss der Stunde kann eine mit Nummern versehene Auswahl an Bildern (ca. 4 – 5 Stück) an der Tafel gemeinsam betrachtet werden. Achten Sie bei der Auswahl der Schülerarbeiten auf möglichst unterschiedliche Blautöne für das Meer und den Himmel.
- Für die Reflexion kann die Traumreise vom Beginn der Stunde wieder aufgegriffen werden. Die Kinder sollen sich vorstellen, dass die Robben auf den Bildern lebendig werden und sie sich mit ihnen unterhalten können. Lassen Sie die Kinder überlegen, was die Robbe jeweils antworten könnte und nutzen Sie die Antworten als Reflexionsimpuls. Zuletzt können die Kinder den Robben auf den Bildern Namen geben.

Mögliche Fragen:
- Ist das Wasser auf deinem Bild warm oder kalt?
- Scheint die Sonne heute bei dir am Meer oder ist es ein bedeckter Tag?
- Kannst du auf deinem Bild unterscheiden, wo das Meer aufhört und wo der Himmel anfängt?
- Welchen Robbennamen hat man der Robbe auf deinem Bild aufgrund ihres Aussehens gegeben?

Die Robbe sagt: „Moin!“ (Klasse 2–3) (2)

Mögliche Kriterien der Leistungsbewertung:

- Umsetzung der Angaben beim Bild-Diktat (Position / Größe / Linienführung der Zeichnung) und daraus resultierend die Erkennbarkeit des Motivs
- Mischung neuer Blautöne
- Abgrenzung von Himmel und Meer durch kontrastreiche Farbtöne
- Sorgfalt der künstlerischen und farblichen Ausgestaltung
- evtl. kreative Umsetzung bei der Darstellung der Robbe

Traumreise:

Lege deinen Kopf auf die Arme, entspanne deinen Körper und wenn du möchtest, schließe deine Augen. Leise hörst du aus der Ferne ein paar Möwen kreischen und ein salziger Geruch steigt dir in die Nase. Direkt vor deinen Füßen schwappt Wasser in kleinen Wellen gegen die Kaimauer. Wir sind am Hafen und gleich geht es los mit unserer Kutterfahrt auf die Nordsee / Ostsee.

Schritt für Schritt steigen wir in das kleine Schiff. Es hat rote Streifen am Bug, ein riesiges Steuerrad und oben flattert eine freche kleine Fahne im Wind. Ein Seemann löst die Taue und mit einem kleinen Ruck fahren wir los. Das Boot wackelt unter unseren Füßen und je weiter wir aufs hohe Meer hinausfahren, desto mehr Wind spürt ihr in euren Gesichtern.

(An dieser Stelle können Sie mit einem großen, festen Stück Pappe wedeln und spürbaren Wind erzeugen.)

Nach einiger Zeit sind wir so weit draußen auf dem Meer, dass das Land nicht mehr zu sehen ist, nur noch das Meer und der Himmel – der Himmel und das Meer. Man kann kaum noch unterscheiden, wo das Meer aufhört und wo der Himmel wieder anfängt. Doch da hören wir ein sanftes Platschen und ein brauner, kegelförmiger Kopf durchbricht das Wasser. Es ist eine Robbe, die uns mit ihren sanften, großen Augen funkelnd anschaut. Sie lächelt uns zu und sagt: „Moin!“

Schülerarbeiten

BVK • Lydia Wilczek: Bild-Diktate. Schritt-für-Schritt-Anleitungen zum Zeichnen und Gestalten

Bild-Diktat: Die Robbe sagt: „Moin!“

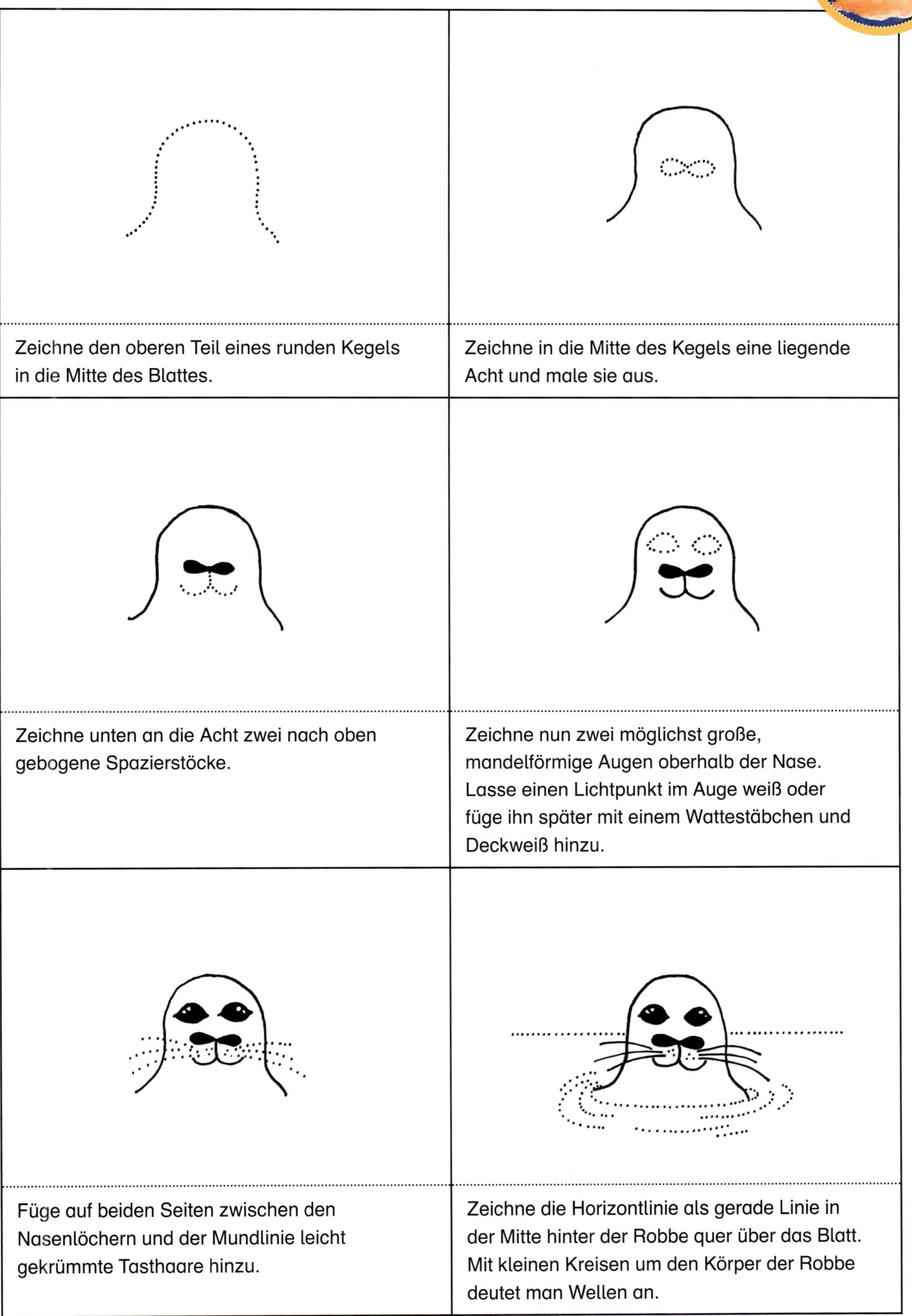

BVK • Lydia Wilczek: Bild-Diktate. Schritt-für-Schritt-Anleitungen zum Zeichnen und Gestalten

Elefanten im Dschungel (Klasse 4) (1)

Zeitbedarf:
2–4 Unterrichtsstunden

Fächerübergreifende Bezüge:
SU: Zootiere, Dschungel

Materialempfehlung:
DIN-A3-Zeichenblockpapier (Hochformat), Bleistift, Radiergummi, Spitzer, Wasserfarben, Pinsel, (optional) Filzstifte, Buntstifte, Kohlestifte, Haarspray zur Fixierung

Lernziele / **Kompetenzerwartungen:**
- grafische Darstellung eines Elefanten
- Auswahl geeigneter Materialien zur Gestaltung eines Motivs in Mischtechnik
- **Ausformen grafischer Zeichen und Ornamente (zur Hintergrundgestaltung eines Dschungels)**
- **Erprobung und gezielter Einsatz grafischer Mittel (Schraffuren, Schattierungen)**

Tipps für die Umsetzung:
- Zur Ausgestaltung des Motivs bieten sich viele unterschiedliche Materialien an. Durch eine freie Materialwahl werden die Schüler in ihrer Selbstständigkeit motiviert, aber auch dazu angeleitet, sinnvolle Materialentscheidungen zu treffen. Besprechen Sie vorweg die Eigenschaften aller Materialien. Lassen Sie die Schüler Vermutungen anstellen, welche Materialien zur Darstellung des Motivs sinnvoll sind. Die Vermutungen können in der Reflexion aufgegriffen und überprüft werden.
- Im Anschluss an das Bild-Diktat wird die Elefantenhaut durch Schraffuren und Schattierungen in ihrer faltigen Oberflächenstruktur gestaltet. Dazu können die Schüler wahlweise den Bleistift, Kohlestifte oder Filzstifte verwenden. Da das Licht im Dschungel von oben durch das Blattwerk scheint, sollten alle nach unten gerichteten Linien und Kanten schattiert werden.
- Die Hintergrundgestaltung eines grünen Dschungels lebt unter anderem von der Vielfalt der Ideen für die Pflanzendarstellung. Nutzen Sie das Potenzial aller Schüler in diesem Bereich, indem Sie an der Tafel eine große Tipp-Station einrichten. Kinder, die eine Idee für eine Pflanzendarstellung haben, dürfen diese (auch im Laufe der Stunde) an der Tafel anzeichnen. Dadurch wird ein Fundus an Pflanzendarstellungen geschaffen, an dem sich Schüler ohne Gestaltungsideen orientieren können (leistungsbezogene Differenzierung).
- Alternativ können die Elefanten in indischer Tradition auch mit bunten Ornamenten geschmückt werden.

Reflexionsimpuls / weiterführender Hinweis:
Folgende Materialaspekte können in der Reflexion der Bilder erarbeitet werden:
- Der Bleistift eignet sich zum Vorzeichnen.
- Für Konturen und feine Linien sollte der Bleistift gespitzt sein.
- Für Schraffuren und größere Flächen ist es sinnvoll, den Bleistift schräg zu halten.
- Die Kohle eignet sich zum weichen Schattieren.
- Durch Reibung lässt sich ein weicher Farbübergang herstellen.
- Da die Kohle leicht verschmiert, ist eine Fixierung mit Haarspray sinnvoll.

Elefanten im Dschungel (Klasse 4) (2)

- Buntstifte eignen sich zum Ausmalen und Konturieren kleiner Flächen. Für große Flächen sind sie weniger geeignet, da sie eine sehr unregelmäßige Spur hinterlassen und die Hand schnell wegen des notwendigen Drucks ermüdet.
- Filzstifte eignen sich mit ihrer hohen Leuchtkraft besonders zum Konturieren. In Kombination mit Wasserfarben als Untergrund können sie zur Gestaltung feiner Muster wie Blattadern genutzt werden.
- Wasserfarben eignen sich zum Füllen großer Flächen. Sie besitzen eine hohe Leuchtkraft. Durch die Menge an verwendetem Wasser kann die Farbintensität variiert werden.

Mögliche Kriterien der Leistungsbewertung:

- Umsetzung der Angaben beim Bild-Diktat und daraus resultierend die Erkennbarkeit des Motivs
- sinnvolle Auswahl und passender Einsatz der angebotenen Materialien
- grafische Darstellung der Elefantenhaut durch Schraffierungen, Schattierungen und Linien
- kreative, künstlerische und farbliche Ausgestaltung des Dschungelhintergrunds (Vielfalt der dargestellten Pflanzen, Ausgestaltung von Blattstrukturen, Verwendung von Mischfarben)

Schülerarbeiten

BVK • Lydia Wilczek: Bild-Diktate. Schritt-für-Schritt-Anleitungen zum Zeichnen und Gestalten

Bild-Diktat: Elefanten im Dschungel

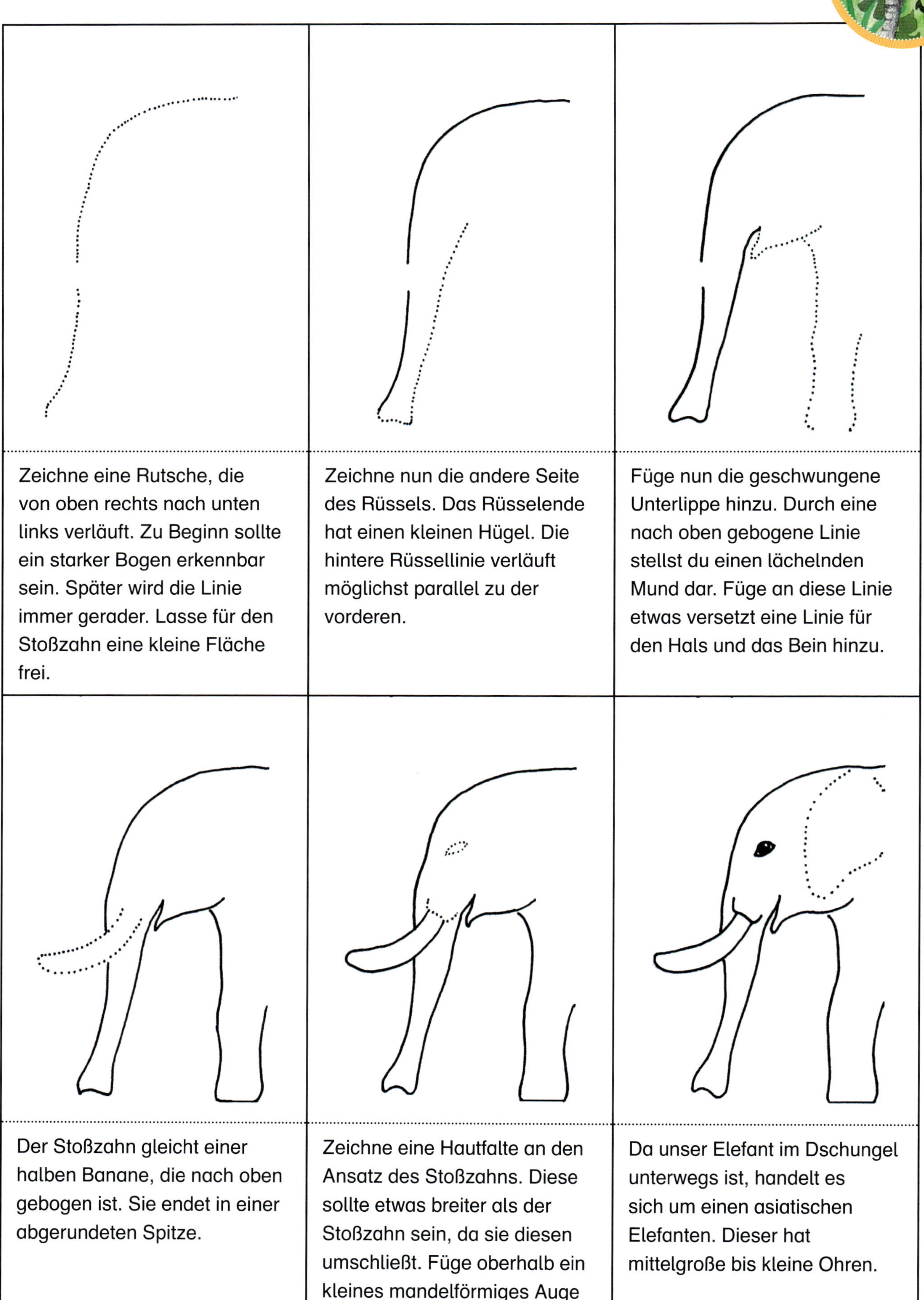

Zeichne eine Rutsche, die von oben rechts nach unten links verläuft. Zu Beginn sollte ein starker Bogen erkennbar sein. Später wird die Linie immer gerader. Lasse für den Stoßzahn eine kleine Fläche frei.

Zeichne nun die andere Seite des Rüssels. Das Rüsselende hat einen kleinen Hügel. Die hintere Rüssellinie verläuft möglichst parallel zu der vorderen.

Füge nun die geschwungene Unterlippe hinzu. Durch eine nach oben gebogene Linie stellst du einen lächelnden Mund dar. Füge an diese Linie etwas versetzt eine Linie für den Hals und das Bein hinzu.

Der Stoßzahn gleicht einer halben Banane, die nach oben gebogen ist. Sie endet in einer abgerundeten Spitze.

Zeichne eine Hautfalte an den Ansatz des Stoßzahns. Diese sollte etwas breiter als der Stoßzahn sein, da sie diesen umschließt. Füge oberhalb ein kleines mandelförmiges Auge mit Glanzpunkt ein.

Da unser Elefant im Dschungel unterwegs ist, handelt es sich um einen asiatischen Elefanten. Dieser hat mittelgroße bis kleine Ohren.

Segelschiffe auf hoher See (Klasse 3 – 4)

Zeitbedarf:
2 Unterrichtsstunden

Fächerübergreifende Bezüge:
SU: Meer / Wellen, Vergangenheit
Ma: Dreieck und Trapez

Materialempfehlung:
Papier im Modern-Art-Format (z. B. über *www.shop.labbe.de)* (Hochformat), alternativ DIN-A3-Papier der Länge nach halbiert, Bleistift, Radiergummi, Spitzer, Tusche und Feder oder Füller, Schmierpapier

Lernziele / Kompetenzerwartungen:
- grafische Darstellung eines Segelbootes
- grafische Darstellung von Bewegungen (Wellen)
- **Erprobung und zielgerichtete Gestaltung mit Tusche und Feder**
- **grafische Ergänzung von Mustern zur Gestaltung und Strukturierung einer Fläche**

Tipps für die Umsetzung:
- Das Bild-Diktat lässt den Schülern viel Freiraum für individuelle Gestaltungsideen. Das Segelboot kann durch eine variable Anzahl und Form von Segeln gestaltet werden. Manche Kinder haben auch Freude daran, eine Gallionsfigur, Flaggen oder Mastkörbe zu ergänzen.
- Zunächst werden das Segelboot und die Wasserlinie gezeichnet. Die Schüler erhalten den Auftrag, die Wellen des Meeres durch eng beieinander liegende, feine Linien darzustellen. Es ist hilfreich, wenn sie zu Beginn große Bereiche innerhalb des unteren Bildbereichs einteilen und dann ein Feld nach dem anderen mit Linien und Kurven füllen.
- Als Zeichenmaterial können entweder Tusche und Feder oder der Füller verwendet werden. In beiden Fällen ist es sinnvoll, wenn die Schüler das Zeichnen feiner Linien zunächst auf einem Schmierblatt üben.

Reflexionsimpuls / weiterführender Hinweis:
- Da die Schüler viel Arbeit und Mühe in die Gestaltung des Bildes investieren, ist eine angemessene Würdigung ihrer Leistung sehr wichtig. Hierzu bietet sich eine schülerorientierte Variante der warmen Dusche an. Dabei zieht jedes Kind verdeckt ein Bild und überlegt sich dazu drei Komplimente, die es dem Künstler persönlich sagt oder auf einem Extrazettel notiert.
- Im Reflexionsgespräch sollten zum einen der Umgang und die Erfahrung mit dem neuen Zeichenwerkzeug thematisiert werden, zum anderen aber auch die Wirkung der unterschiedlichen Wellenmusterungen.

Mögliche Kriterien der Leistungsbewertung:
- zeichnerische und kreative Ausgestaltung des Segelboots
- Linienführung und Mustergestaltung der Wellen
- Abgrenzung von Himmel und Meer durch einen Hell-Dunkel-Kontrast
- Nutzung von Feder und Tusche / des Füllers als neues Zeichenwerkzeug

Bild-Diktat: Segelschiffe auf hoher See

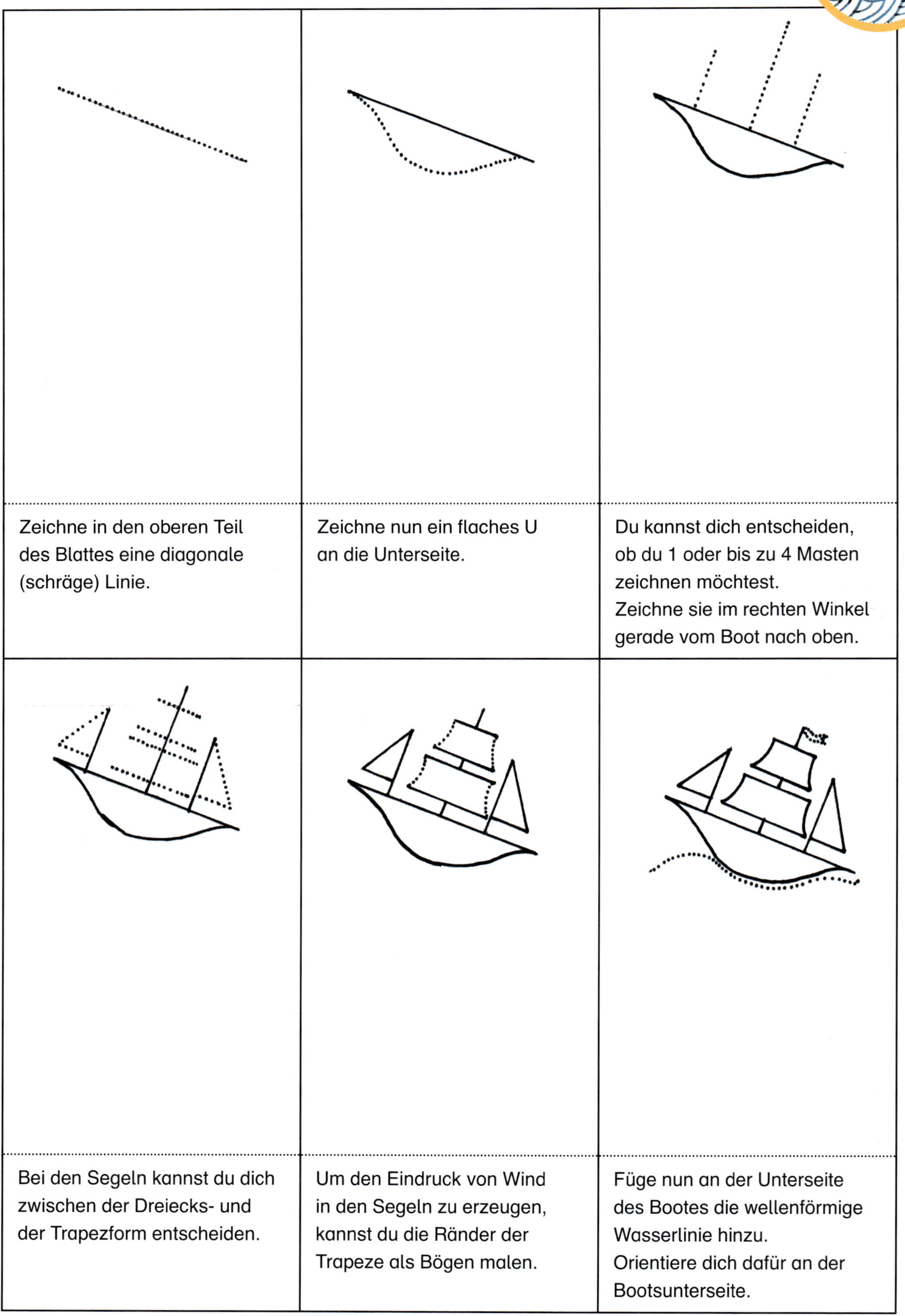

Zeichne in den oberen Teil des Blattes eine diagonale (schräge) Linie.	Zeichne nun ein flaches U an die Unterseite.	Du kannst dich entscheiden, ob du 1 oder bis zu 4 Masten zeichnen möchtest. Zeichne sie im rechten Winkel gerade vom Boot nach oben.
Bei den Segeln kannst du dich zwischen der Dreiecks- und der Trapezform entscheiden.	Um den Eindruck von Wind in den Segeln zu erzeugen, kannst du die Ränder der Trapeze als Bögen malen.	Füge nun an der Unterseite des Bootes die wellenförmige Wasserlinie hinzu. Orientiere dich dafür an der Bootsunterseite.

Möwen A (Klasse 1 – 2) / B (Klasse 3 – 4) (1)

Zeitbedarf:
2 Unterrichtsstunden

Fächerübergreifende Bezüge:
SU: Meerestiere, Meer

Materialempfehlung:
DIN-A3-Zeichenblockpapier (Hochformat) oder quadratisches Papier, Bleistift, Radiergummi, Spitzer, **Version A** – Buntstifte, optional Sand und Muscheln / **Version B** – Wasserfarben und Filzstifte, Pinsel, optional Material zum dreidimensionalen Ausgestalten: Federn, Perlen, Glitzerpuder, Fäden etc., evtl. Knetkugeln, Igelbälle, Flüssigkleber

Lernziele / **Kompetenzerwartungen:**
- vereinfachte grafische Darstellungen einer Möwe
- **A: Gliederung von Flächen durch farbiges Gestalten (flächige Farbgestaltung mit Buntstiften)**
- **B: Nutzung farbiger Materialien zum Ausgestalten und Akzentuieren**
- **B: Erprobung bildnerischer Absichten und Reflexion der beabsichtigten Bildwirkung**

Tipps für die Umsetzung:
- Zur Darstellung von Möwen haben Sie zwei mögliche Motive zur Auswahl.
- Motiv A ist leichter umsetzbar und zeigt die Möwe in ihrem natürlichen Verhalten und Lebensraum. Daher ist dieses Motiv eher für Klasse 1 – 2 geeignet, kann aber auch von höheren Klassenstufen aufgegriffen werden.
- Motiv A: Das Kolorieren größerer Flächen mit Buntstiften ist für die kindliche Hand oft anstrengend. Erläutern Sie zu Beginn Techniken, die das Ausmalen mit Buntstiften erleichtern, zum Beispiel den Stift schräg zu halten und weniger mit Druck zu arbeiten, als vielmehr wiederholtes Reiben auf einer Stelle zu nutzen. Stellen Sie den Schülern für kleine Pausen Igelbälle oder Knetkugeln zum Massieren und Entspannen der Handmuskulatur zur Verfügung.
- Motiv B zeigt eine karikierte Version der Möwe mit Surfbrett, die von den Schülern der Klasse 3 – 4 individuell durch Accessoires ausgestaltet werden kann.

Reflexionsimpuls / weiterführender Hinweis:
- Zur thematischen Unterstützung der Stunde können Sie während der Arbeitsphase der Schüler Meeresrauschen und Möwengeschrei abspielen.
- **Version A:** Zur Gestaltung des Hintergrunds können auch echter Sand und Muscheln auf dem Bild befestigt werden.
- **Version B:** Zur Ausgestaltung der vorgezeichneten Möwen können Sie auch dreidimensionale Materialien, zum Beispiel in Form einer kleinen Materialwerkstatt, zur Verfügung stellen (Pailletten, Glitzer, Knöpfe, weiße Federn etc.). Dadurch wird der Arbeitsauftrag zu einer räumlichen, dreidimensionalen Gestaltungsaufgabe erweitert. Zur Befestigung dieser Materialien empfiehlt sich Flüssigkleber.
- Reflexionsimpulse: Einen passenden Namen für die Möwe finden oder zuordnen (Surfer Sven, Wellen Willi, Meeres Matilda etc.) und die eigene Entscheidung begründen. In höheren Klassenstufen können auch Charaktereigenschaften durch Wortkarten zugeordnet werden.

BVK • Lydia Wilczek: Bild-Diktate. Schritt-für-Schritt-Anleitungen zum Zeichnen und Gestalten

Möwen A (Klasse 1 – 2) / B (Klasse 3 – 4) (2)

- Es ist sinnvoll (falls möglich), beide Motive mit einem Abstand von 1 – 2 Jahren zu zeichnen, das erste Motiv aufzubewahren und bei der Reflexion von Motiv B die eigenen Fortschritte in der Zeichendarstellung zu reflektieren.
- Alternativ können die beiden Motive auch zur leistungsbezogenen Differenzierung als Wahlangebot innerhalb einer Lerngruppe genutzt werden.

Mögliche Kriterien der Leistungsbewertung:

- Umsetzung der Angaben beim Bild-Diktat (Position / Größe / Linienführung der Zeichnung) und daraus resultierend die Erkennbarkeit und Ausdrucksstärke des Motivs
- **Version A:** farbliche Ausgestaltung, Nutzung der Buntstifte als Material
- **Version B:** Kreativität und Sorgfalt bei der künstlerischen und farblichen Ausgestaltung

Schülerarbeiten 1. / 2. Klasse

Schülerarbeiten 3. / 4. Klasse

BVK • Lydia Wilczek: Bild-Diktate. Schritt-für-Schritt-Anleitungen zum Zeichnen und Gestalten

Bild-Diktat: Möwen Version A

Zeichne in die Mitte des Blattes einen Hügel. Zeichne darunter einen Hügel, der auf dem Kopf steht. Dort, wo die Hügel enden, sollten kleine Spitzen zu sehen sein. Deine Zeichnung sieht nun wie eine Mandel aus.

Beginne links und zeichne ein breites, flaches U. Die rechte Seite ist höher als die linke. Zeichne oben einen Bogen und verbinde die Linie mit der anderen Seite der Mandel.

Zeichne entweder links oder rechts vom Kopf einen Schnabel. Achte darauf, dass er aus zwei Teilen besteht, wobei der obere Teil des Schnabels immer etwas länger sein sollte als der untere.

Füge nun ein rundes Auge und, falls du möchtest, einen Fisch im Schnabel der Möwe hinzu. Der Fisch ist auch mandelförmig und hängt von oben nach unten.

Zeichne für jedes Bein zwei lange Striche, die nach unten führen und etwa so breit sind, wie dein dickster Stift. Bevor du die Watschelfüße zeichnest, markiere die „Zehen“ der Füße mit jeweils drei Punkten an den Spitzen. Verbinde dann die Spitzen mit den Enden der Beine und die Punkte miteinander.

Mit einer Linie, die von links nach rechts durch das Bild läuft, zeichnest du den Horizont. Unter den Füßen der Möwe kannst du mit einem Hügel einen Fels- oder Sandstrand darstellen. Zusätzlich kannst du im Himmel weiße Wolken zeichnen.

BVK • Lydia Wilczek: Bild-Diktate. Schritt-für-Schritt-Anleitungen zum Zeichnen und Gestalten

Bild-Diktat: Möwen Version B

Zeichne einen Kegel, der am unteren Ende rund ist.	Zeichne entweder links oder rechts vom Kopf einen Schnabel. Achte darauf, dass er aus zwei Teilen besteht, wobei der obere Teil des Schnabels immer etwas länger sein sollte als der untere. Etwas oberhalb des Schnabels fügst du ein rundes Auge hinzu.	Zeichne für jedes Bein zwei lange Striche, die nach unten führen und etwa so breit sind, wie dein dickster Stift. Bevor du die Watschelfüße zeichnest, markiere die „Zehen“ der Füße mit jeweils drei Punkten an den Spitzen. Verbinde dann die Spitzen mit den Enden der Beine und die Punkte miteinander.
Die Möwe trägt das Surfbrett hinter dem Körper, es sollte daher nur links und rechts zu sehen sein. Die Form des Bretts erinnert an eine liegende Rakete.	Ergänze am oberen und unteren Rand des Brettes die Flügel, die das Brett tragen sollen. Die Spitzen der Flügel sollten nach oben zeigen.	Verziere deine Möwe mit coolen Accessoires. Du kannst auch das Surfbrett mit Ornamenten und Mustern gestalten.

BVK • Lydia Wilczek: Bild-Diktate. Schritt-für-Schritt-Anleitungen zum Zeichnen und Gestalten

Unterwegs mit dem Fahrrad (Klasse 4) (1)

Zeitbedarf:
ca. 2–4 Unterrichtsstunden

Fächerübergreifende Bezüge:
SU: Verkehrserziehung / Radfahrprüfung

Materialempfehlung:
DIN-A3-Papier (Hochformat), Bleistift, Radiergummi, Spitzer, Wasserfarben, Pinsel, Filzstift, (optional) Lineal / Geodreieck, Reisebildbände

Lernziele / **Kompetenzerwartungen:**
- vereinfachte grafische Darstellung der eigenen Hände am Lenkrad
- kreative Ausgestaltung einer fantastischen / realen Landschaft
- **räumliche Darstellung von Bewegungen, Beziehungen und Sachverhalten (perspektivisches Zeichnen eines Weges und von Objekten in einer Landschaft)**

Tipps für die Umsetzung:
- Zu Beginn der Stunde berichten die Schüler von erlebten Fahrradtouren und den Landschaften und Regionen, die sie dabei durchquert haben. Geben Sie anschließend einen neuen Gedankenimpuls: „Stelle dir vor, du besitzt ein Zauberfahrrad. Du klingelst einmal und schon bist du auf einem ganz neuen Weg in einer völlig anderen Landschaft oder Welt. Durch welche echte oder ausgedachte Landschaft könntest du fahren?"
- Bei der anschließenden Ideensammlung sollten gleichermaßen reale und fiktive Vorschläge gesammelt und idealerweise an der Tafel schriftlich festgehalten werden (z. B. Berglandschaft, Blumenwiese, Kornfeld, Stadt, Schlaraffenland, Meeresgrund, Mondlandschaft, Eiskristallwelt etc.).
- Zusätzliche Impulsgeber und Vorlagen können Illustrationen aus Reisebildbänden sein.
- Die Stunde lässt den Ideen und Vorstellungen der Kinder viel gestalterische Freiheit. Das Bild-Diktat beinhaltet lediglich die Hände am Lenkrad des Fahrrads.
- Als Vorwissen für die Hintergrundgestaltung muss das Prinzip des perspektivischen Zeichnens erarbeitet werden: „Je weiter entfernt ein Objekt vom Auge des Betrachters ist, desto kleiner erscheint es im Bild."
- Dieses Prinzip wird zunächst durch die Darstellung eines Weges genutzt. Auf einer gezeichneten Horizontlinie (diese kann alternativ der obere Bildrand sein) wird ein Fluchtpunkt markiert.
- Der Weg kann gerade, leicht geschwungen oder kurvig dargestellt werden, wobei sich die Wegränder zu Beginn links und rechts vom Fahrrad befinden und auf den Fluchtpunkt hin verjüngen.
- Anschließend kann der Hintergrund unter dem Kriterium des perspektivischen Zeichnens gestaltet werden: Nahe Objekte werden größer gezeichnet als weit entfernte.
- Hilfestellung zur leistungsbezogenen Differenzierung: Die Bemessung der Größendarstellung obliegt dem Auge der Kinder. Kinder, die damit große Schwierigkeiten haben oder die besonders akkurat zeichnen möchten, können ein Lineal oder Geodreieck zum Messen nutzen.

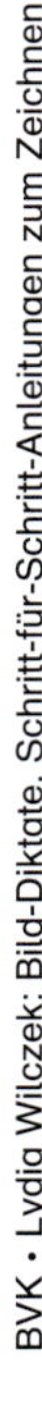
BVK • Lydia Wilczek: Bild-Diktate. Schritt-für-Schritt-Anleitungen zum Zeichnen und Gestalten

Unterwegs mit dem Fahrrad (Klasse 4) (2)

Reflexionsimpuls / weiterführender Hinweis:

- Viele Schüler haben Freude daran, das Fahrrad durch Lenkradschmuck oder Körbe und besondere Klingeln zu individualisieren.
- Um Feinheiten zur Verbesserung der Zeichnung zu ergänzen, kann auf den getrockneten Wasserfarben mit Filzstift gezeichnet werden.
- Zum Einstieg in die Reflexionsphase eignet sich eine Partnerübung, die auch die sprachlichen Fähigkeiten fördert. Eine Reihe von nummerierten Kunstwerken (ca. 5 – 10 Stück) sollte dazu an der Tafel gut sichtbar präsentiert werden. Die Schüler beschreiben ein Bild so genau wie möglich und der Partner muss erraten, um welches Bild es sich handelt.
- Anschließend können die Kunstwerke auf ihre perspektivische Wirkung hin reflektiert werden.

Mögliche Kriterien der Leistungsbewertung:

- zeichnerische und kreative Ausgestaltung des Bild-Diktats (Erkennbarkeit des Motivs)
- kreative und künstlerische Gestaltung des Hintergrunds
- perspektivische Wirkung

Schülerarbeiten

BVK • Lydia Wilczek: Bild-Diktate. Schritt-für-Schritt-Anleitungen zum Zeichnen und Gestalten

Bild-Diktat: Unterwegs mit dem Fahrrad

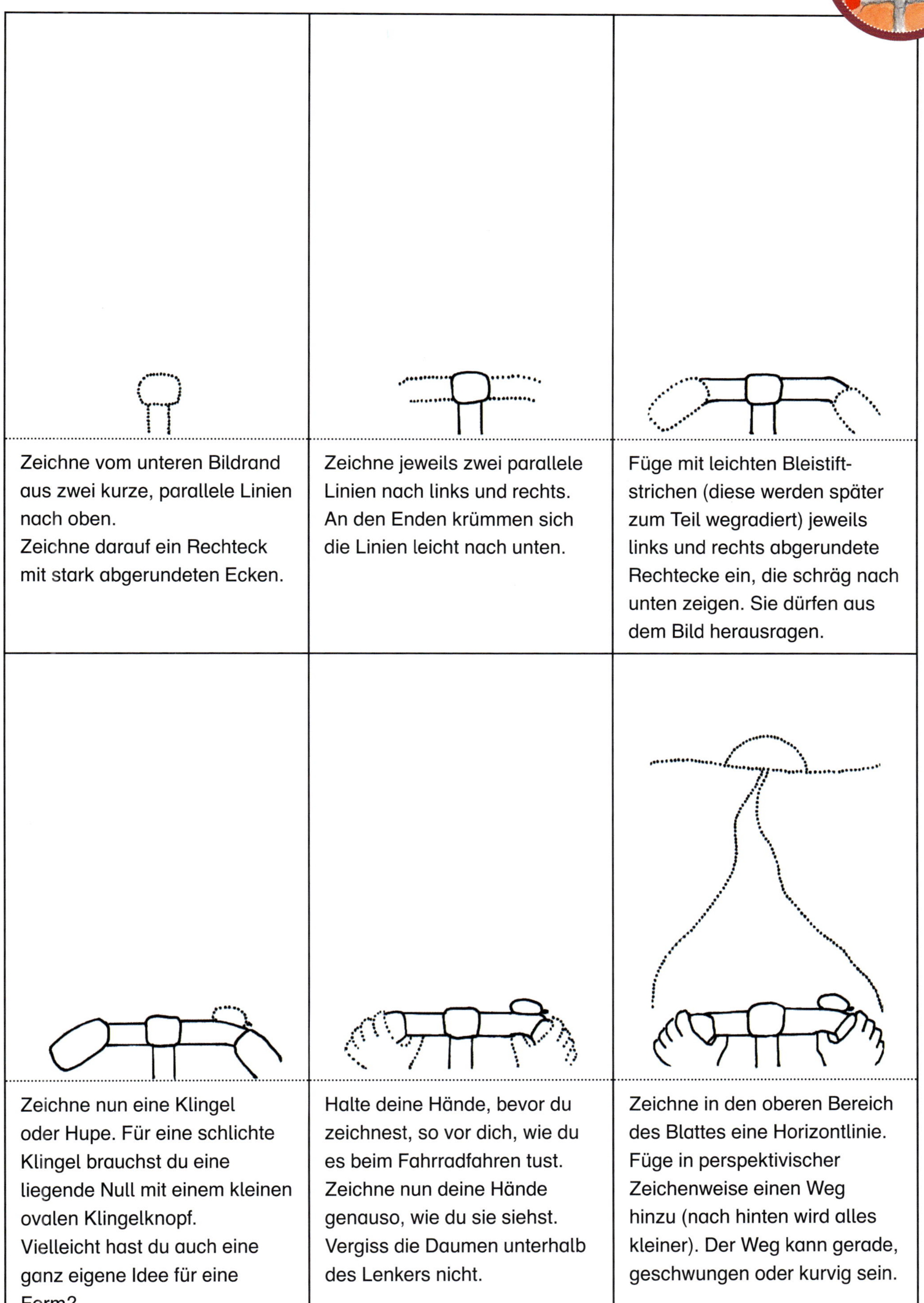

Zeichne vom unteren Bildrand aus zwei kurze, parallele Linien nach oben. Zeichne darauf ein Rechteck mit stark abgerundeten Ecken.	Zeichne jeweils zwei parallele Linien nach links und rechts. An den Enden krümmen sich die Linien leicht nach unten.	Füge mit leichten Bleistiftstrichen (diese werden später zum Teil wegradiert) jeweils links und rechts abgerundete Rechtecke ein, die schräg nach unten zeigen. Sie dürfen aus dem Bild herausragen.
Zeichne nun eine Klingel oder Hupe. Für eine schlichte Klingel brauchst du eine liegende Null mit einem kleinen ovalen Klingelknopf. Vielleicht hast du auch eine ganz eigene Idee für eine Form?	Halte deine Hände, bevor du zeichnest, so vor dich, wie du es beim Fahrradfahren tust. Zeichne nun deine Hände genauso, wie du sie siehst. Vergiss die Daumen unterhalb des Lenkers nicht.	Zeichne in den oberen Bereich des Blattes eine Horizontlinie. Füge in perspektivischer Zeichenweise einen Weg hinzu (nach hinten wird alles kleiner). Der Weg kann gerade, geschwungen oder kurvig sein.

BVK • Lydia Wilczek: Bild-Diktate. Schritt-für-Schritt-Anleitungen zum Zeichnen und Gestalten

Die drei Eulen (Klasse 3 – 4) (1)

Zeitbedarf:
ca. 2 – 4 Unterrichtsstunden

Fächerübergreifende Bezüge:
SU: Waldtiere / Greifvögel / Eulen
De: Parallelgedicht zu „Die drei Spatzen“ von Christian Morgenstern

Materialempfehlung:
DIN-A3-Papier (Hochformat), Bleistift, Radiergummi, Spitzer, Wasserfarben, Pinsel, Packpapier, Tonkarton, schwarzer Filzstift, Wachsmalkreide / Ölkreide, weiße Kreide, Haarspray, Schere, Klebestift, (optional) Lineal / Geodreieck

Lernziele / **Kompetenzerwartungen:**
- vereinfachte grafische Darstellung von Schleiereulen
- **Illustration von Texten (Illustration eines selbst verfassten Parallelgedichts)**
- **Anwendung, Kombination und Verfeinerung unterschiedlicher Farben und ihrer Wirkungen in Gestaltungsprozessen**
- **Nutzung von farbigen Materialien zum Collagieren, Ausgestalten und Akzentuieren**
- **Nutzung der Collagetechnik zur Entwicklung einer einfachen bildnerischen Ordnung**

Tipps für die Umsetzung:
- Optional kann vorbereitend im Deutschunterricht ein Parallelgedicht zu Christian Morgensterns „Die drei Spatzen“ geschrieben werden. Dabei versuchen die Schüler, die Strukturen des Gedichts zu übernehmen, dieses aber auf drei Eulen zu übertragen. Anbei das Arbeitsergebnis einer Partnerarbeit aus Klasse 4:

> **Die drei Eulen**
> In einer alten Zeder,
> da sitzen drei Eulen, Feder an Feder.
> Der Ulrich rechts und links der Tim
> und mittendrin der liebe Jim.
> Sie öffnen die Augen schnell, ganz schnell,
> und obendrüber der Mond scheint hell.
> Sie rücken zusammen Flügel an Flügel,
> in der Ferne läuft eine Maus über den Hügel.
> Sie hör’n sie leise quieken im Busch,
> da fliegen sie fort 1, 2, 3, husch, husch, husch.

- Jedes Kind benötigt ein großes Stück Tonkarton und drei etwa gleich große Stücke Packpapier, die jeweils ein Drittel der Tonkartongröße haben.
- Die Eulen werden mit Hilfe des Bild-Diktats mit Bleistift auf das Packpapier vorgezeichnet. Für die schwarzen Linien (Gefieder, Schnabel etc.) sowie die Augen wird der schwarze Filzstift genutzt.
- Das Gesicht und der Körper werden mit Wachsmalkreide oder Ölkreide in den Farben Weiß (Gesicht, Gefieder, Schnabel), Gelb (Kopf und Flügelansatz) und Orange (Bereich unter den Augen) koloriert.
  Tipp: Durch leichtes Verreiben der Farben wird ein schöner Farbübergang geschaffen.

Die drei Eulen (Klasse 3–4) (2)

- Zum Darstellen des Mondes und der Sterne benötigt man weiße Kreide, die man leicht mit dem Finger zu einem Vollmond verreibt. Zur Fixierung der Farben auf dem Hintergrund nutzt man Haarspray (Achtung! Das Haarspray nicht auf dem Packpapier verwenden!). Der Hintergrund wird mit dunklen Wasserfarben ausgemalt.
- Die Eulen werden ausgeschnitten und auf dem Blatt arrangiert. Sobald die Schüler mit der Anordnung zufrieden sind, können sie die Eulen mit Kleber befestigen.

Reflexionsimpuls / weiterführender Hinweis:

- Die drei Eulen können wahlweise von einem oder drei Kindern in Einzel- oder Gruppenarbeit collagiert werden.
- Ausgehend von der Darstellung der Schleiereule können die Schüler andere Eulenarten recherchieren und diese zeichnen.
- Sofern die notwendige technische Ausstattung gegeben ist, kann die Aufgabe um den Aspekt der „Gestaltung mit technisch-visuellen Medien“ (vgl. Lehrplan) erweitert werden. Hierzu zeichnen die Schüler lediglich die Eulen und setzen Fotografien derselben mit Hilfe eines Bildbearbeitungsprogramms auf einem digitalen Hintergrund zusammen.
  Folgende kostenlose Bildbearbeitungsprogramme sind für die Arbeit mit Kindern geeignet: GIMP, Paint 3D, MAGIX AG, Blender und PhotoScape.
- Zur Präsentation ihrer Kunstwerke und Texte können die Schüler die Gedichte auswendig lernen und der Klasse vor ihrem Kunstwerk vortragen.

Mögliche Kriterien der Leistungsbewertung:

- Umsetzung der Angaben beim Bild-Diktat (Position / Größe / Linienführung der Zeichnung) und daraus resultierend die Erkennbarkeit und Ausdrucksstärke des Motivs
- farbliche Ausgestaltung, Nutzung der Wachsmalkreide / Ölkreide und Kreide als Material
- Kreativität, Variation und Sorgfalt bei der Darstellung der Eulen
- Arrangement der drei Eulen als Collage

Schülerarbeiten

Bild-Diktat: Die drei Eulen

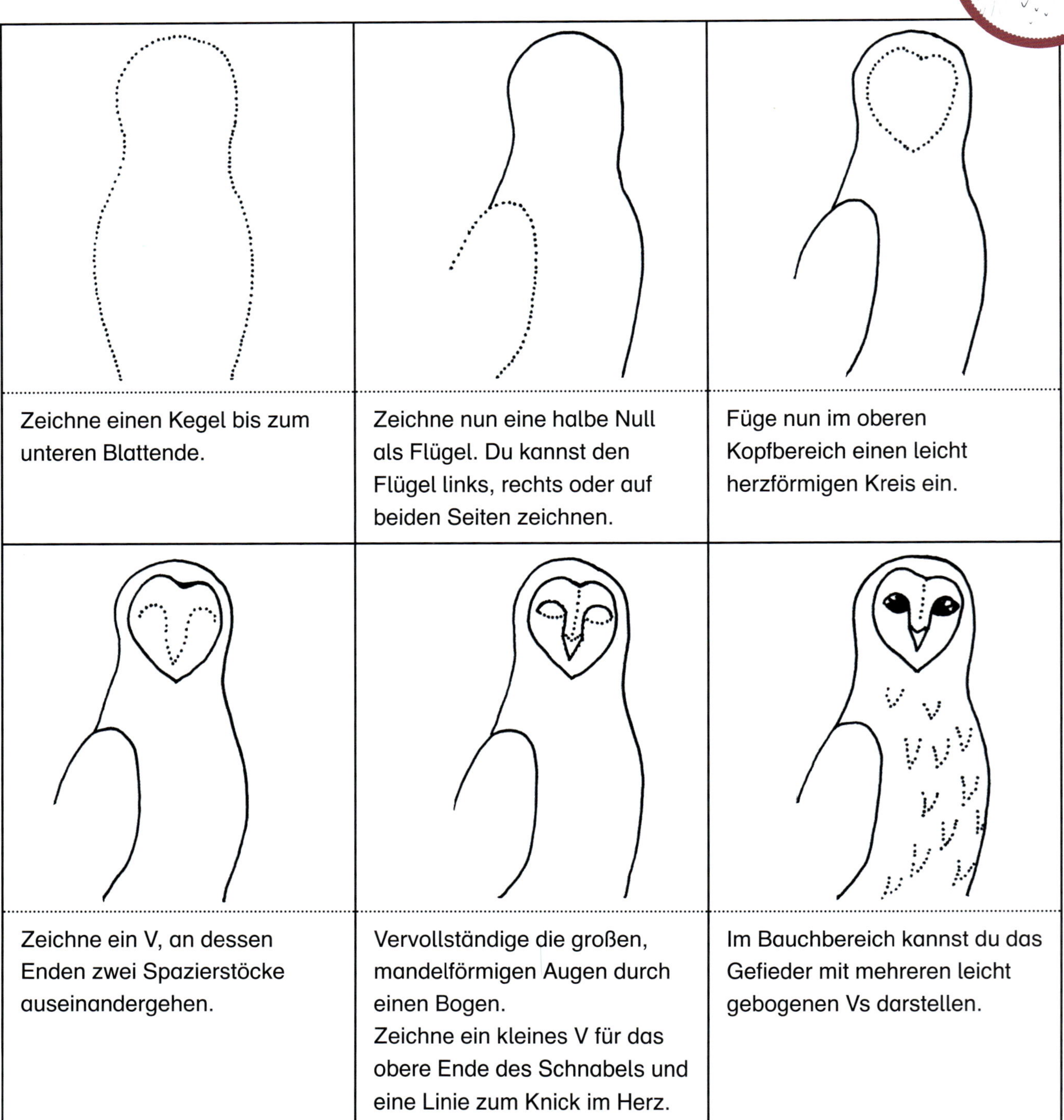

Zeichne einen Kegel bis zum unteren Blattende.	Zeichne nun eine halbe Null als Flügel. Du kannst den Flügel links, rechts oder auf beiden Seiten zeichnen.	Füge nun im oberen Kopfbereich einen leicht herzförmigen Kreis ein.
Zeichne ein V, an dessen Enden zwei Spazierstöcke auseinandergehen.	Vervollständige die großen, mandelförmigen Augen durch einen Bogen. Zeichne ein kleines V für das obere Ende des Schnabels und eine Linie zum Knick im Herz.	Im Bauchbereich kannst du das Gefieder mit mehreren leicht gebogenen Vs darstellen.

BVK • Lydia Wilczek: Bild-Diktate. Schritt-für-Schritt-Anleitungen zum Zeichnen und Gestalten

Regen zeichnen (Klasse 1–4) (1)

Zeitbedarf:
ca. 2 Unterrichtsstunden

Fächerübergreifende Bezüge:
SU: Herbst / Regenwetter / Wasserkreislauf
Ma: parallele Linien, geometrisches Zeichnen, Zeichnen mit Lineal und Geodreieck
Mu: Frédéric Chopins Regentropfen-Prélude
De: Gedichte zum Thema Regen / Herbst / Wetter

Materialempfehlung:
DIN-A3-Papier (Hochformat), alternativ oder zur Differenzierung Kopiervorlage „Regen zeichnen 1" in DIN A3 (s. S. 45) oder Kopiervorlage „Regen zeichnen 2" in DIN A4 (s. S. 46, Bleistift, Radiergummi, Spitzer, Lineal, Geodreieck, Filzstifte (alternativ Buntstifte), (optional) Material zum Drucken (Kartoffeln, Pappstreifen, Wattestäbchen …)

Lernziele / **Kompetenzerwartungen:**
- vereinfachte grafische Darstellung eines Regenschirms
- Kennenlernen und Entwicklung verschiedener Darstellungsformen von Regen
- Umsetzung erlebten Regens in eigenen Bildern
- **Aufspüren und Beschreibung grafischer Muster und Strukturen in der Umwelt**

Tipps für die Umsetzung:
- Der Regen stellt als natürliches Wetterphänomen ein wiederkehrendes Motiv in Kinderzeichnungen dar. Der Fokus der Stunde liegt auf der Erweiterung des kindlichen Darstellungsrepertoires.
- Mit seinen vielen unterschiedlichen Regendarstellungen eignet sich Sam Ushers Bilderbuch „Regen" für den Stundeneinstieg.
- Das Bild-Diktat ist in Form eines Arbeitsblattes für die Schüler gestaltet. Darauf sind fünf Möglichkeiten für das Zeichnen von Regen gezeigt. Im freien Feld können die Schüler diese ausprobieren und eigene Darstellungsformen entwickeln. Anschließend können sich die Schüler in kleinen Murmelgruppen kurz über ihre Ergebnisse austauschen.
- Manchen Schülern fällt es schwer, die Person unterhalb des Regenschirms sowie die Orientierungspunkte für den Regenschirm zu zeichnen. Die Kopiervorlage kann daher zur leistungsbezogenen Differenzierung genutzt werden.
- Der Regenschirm wird als gemeinsames Bild-Diktat gestaltet. Anschließend ergänzen die Schüler individuell die Figur unter dem Regenschirm sowie den Regen. Die Schüler können dazu Darstellungsformen (z. B. Tropfen und Striche) mischen.
- Für das Zeichnen mit Lineal und Geodreieck ist eine vorherige Thematisierung im Umgang mit dem Werkzeug sinnvoll.

Reflexionsimpuls / weiterführender Hinweis:
- Da der Regen aus vielen, sich wiederholenden Formen besteht, kann er alternativ auch gedruckt werden. Dazu können verschiedene Druckstöcke genutzt werden, zum Beispiel Kartoffeln in Tropfenform, Pappstreifen zum Drucken von Linien mit der Kante, Wattestäbchen zum Tupfen kleiner Kreise etc.
- Die Regenschirme können auch ohne Muster vorgezeichnet und individuell gestaltet werden.

- In der Reflexion werden die Kunstwerke anhand verschiedener Bezeichnungen für Regen sortiert (s. Wörter unten). Für Bilder, die sich nicht eindeutig zuordnen lassen, können die Schüler eigene Begriffe (er)finden.

Dauerregen – Bindfäden regnen – sintflutartige Schauer – Nieselregen – Wolkenbruch – in Strömen regnen – Sprühregen – Sommerregen – wie aus Kübeln gießen

Mögliche Kriterien der Leistungsbewertung:

- zeichnerische und kreative Ausgestaltung des Regenschirms und des Regenschirmträgers
- Linienführung und Mustergestaltung des Regens
- Verwendung von Lineal und Geodreieck als Zeichenwerkzeug

Bild-Diktat: Regenschirm

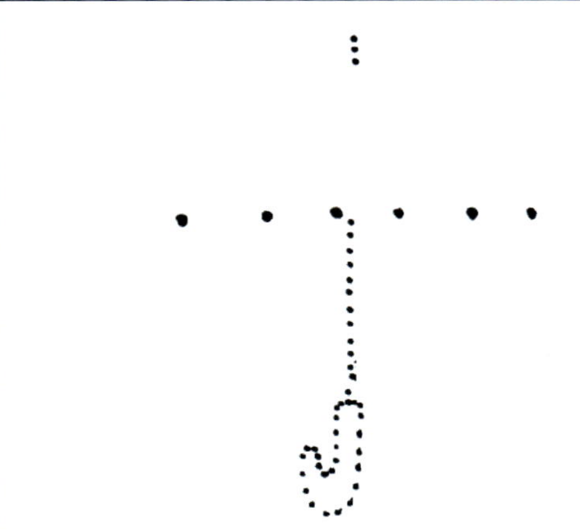	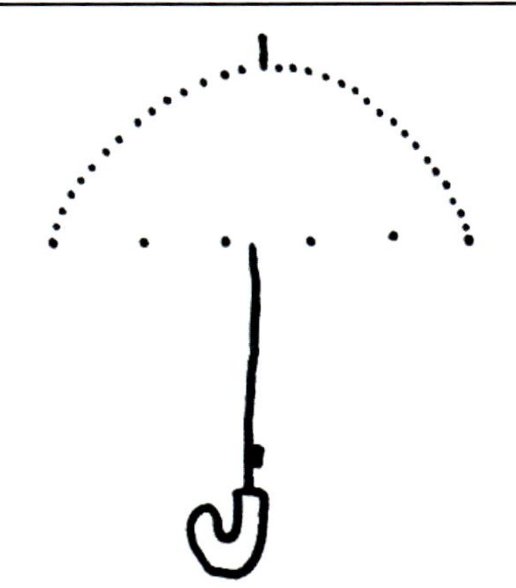
Zeichne sechs Punkte in einer Linie und einen Punkt in der Mitte darüber. Unterhalb der Punkte kannst du den Griff des Schirms zeichnen.	Zeichne eine Kuppel bzw. einen liegenden Halbmond.

Verbinde die Punkte unten mit kleinen Wellen. Durch das Verbinden der Punkte mit der Schirmspitze entsteht das Schirmmuster.	Wer trägt den Regenschirm? Zeichne die Person. Fülle nun den Himmel mit dem Regen deiner Wahl. Unter dem Schirm bleibt es aber trocken.

BVK • Lydia Wilczek: Bild-Diktate. Schritt-für-Schritt-Anleitungen zum Zeichnen und Gestalten

Kopiervorlage „Regen zeichnen (1)"

Regen kann ganz unterschiedlich sein. Hier siehst du ein paar Möglichkeiten, wie du Regen zeichnen kannst. Probiere sie einmal aus. Findest du noch eine eigene Variante?

BVK • Lydia Wilczek: Bild-Diktate. Schritt-für-Schritt-Anleitungen zum Zeichnen und Gestalten

Kopiervorlage „Regen zeichnen (2)“

BVK • Lydia Wilczek: Bild-Diktate. Schritt-für-Schritt-Anleitungen zum Zeichnen und Gestalten

Teekannen (Klasse 3–4) (1)

Zeitbedarf:
ca. 2 Unterrichtsstunden

Fächerübergreifende Bezüge:
Herbst / Winter
Umgang mit dem Füller

Materialempfehlung:
DIN-A3-Papier (Querformat), Skizzenpapier, Bleistift, Radiergummi, Spitzer, Füller oder dunkelblauer Fineliner, Kopiervorlage „Teekannen" (s. S. 49)

Lernziele / **Kompetenzerwartungen:**
- Entwicklung eigener Darstellungsformen von Teekannen
- **Ausformen grafischer Zeichen zur zielgerichteten Gestaltung der Teekannenoberfläche durch Muster und Ornamente**
- **Erkundung von gegenwärtigen und vergangenen Kulturen und Verwendung dieser Elemente in eigenen Gestaltungszusammenhängen**

Tipps für die Umsetzung:
- Vorbereitend erhalten die Schüler einen Rechercheauftrag und die Aufgabe, Bilder von historischen und gegenwärtigen Teekannen mitzubringen.
- Zu Beginn der Unterrichtsstunde werden die mitgebrachten Bilder von Teekannen an der Tafel gesammelt und können in Form einer Mindmap von den Schülern sortiert und mit Oberbegriffen versehen werden.
- Zur Erarbeitung des Vorwissens eignet sich ein Ratespiel, an dem die Schüler als Gruppen teilnehmen können. Mögliche Quizfragen:
  - Wer erfand das erste Porzellan?
    A: Die Franzosen / B: Die Amerikaner / **C: Die Chinesen**
  - Seit wann wird Porzellan vom Menschen hergestellt?
    A: Seit 3600 Jahren / B: Seit 830 Jahren / C: Seit 64 Jahren
  - Wie viel kostet die teuerste Teekanne der Welt?
    A: 4 Millionen € / B: **2 Millionen €** / C: 20000 €
  - Traditionell wurde das weiße Porzellan immer mit welcher Farbe bemalt?
    A: Gelb / B: Rot / **C: Blau**
- Die Schüler erfahren, dass sie nun selbst zu Porzellandesignern werden und eigene Teekannen entwerfen. Durch zwei waagerechte Linien werden Regale dargestellt, auf denen zwei bis sechs raumfüllend gezeichnete Teekannen Platz finden.
- Die Kopiervorlage dient als Anregung. Ziel der Stunde ist es, dass die Schüler eigene Formen und Muster erfinden und ausgestalten.

BVK • Lydia Wilczek: Bild-Diktate. Schritt-für-Schritt-Anleitungen zum Zeichnen und Gestalten

Teekannen (Klasse 3 – 4) (2)

Reflexionsimpuls / weiterführender Hinweis:

- Geben Sie den Schülern Suchaufträge zu den Teekannen.
  Die Schüler sollen dabei lernen, ihre Auswahl anhand der Bilder zu begründen.
  Mögliche Suchaufträge: Suche eine Teekanne, ...
  - die modern / antik aussieht.
  - die aus Asien / Deutschland / Afrika … stammen könnte.
  - die besonders feine Füllerlinien enthält.
  - die witzig aussieht.
  - die in Wirklichkeit existieren / nicht existieren könnte.
  - aus der du gerne Tee trinken würdest. Welchen Tee würdest du zubereiten?
- Alternativ zur ausschließlichen Verwendung des Füllers, können auch bunte Teekannen mit Filzstiften gestaltet werden.

Mögliche Kriterien der Leistungsbewertung:

- Kreativität und Sorgfalt bei der künstlerischen Gestaltung der Teekannen
- Verwendung grafischer Zeichen zur Gestaltung der Teekannenoberfläche
- technische Fertigkeiten im Umgang mit dem Zeichenmaterial Füller

Schülerarbeiten

Kopiervorlage „Teekannen“

Du bist neuer Designer in der Teekannenmanufaktur. In der Übersicht findest du ein paar Vorschläge für die vier Bausteine, die du zum Entwerfen einer Teekanne brauchst. Gestalte unterschiedliche Teekannen. Vielleicht fallen dir ja auch ein paar ganz eigene Formen ein?

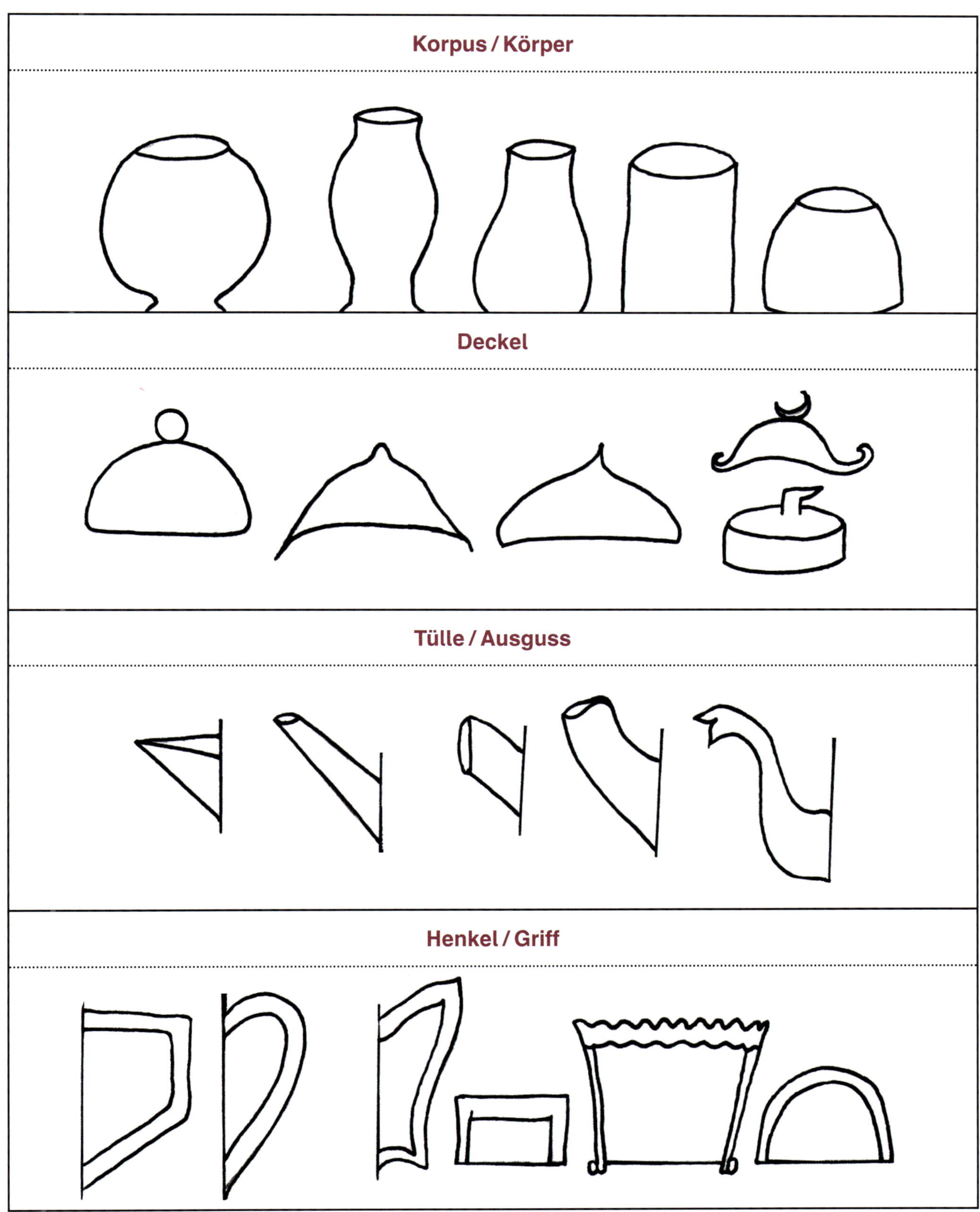

BVK • Lydia Wilczek: Bild-Diktate. Schritt-für-Schritt-Anleitungen zum Zeichnen und Gestalten

Schneelandschaft (Klasse 3–4) (1)

Zeitbedarf:
ca. 2 Unterrichtsstunden

Fächerübergreifende Bezüge:
Winter
Mu: Orchesterstück „Sleigh ride“ von Leroy Anderson
Ma: Spiegelungen

Materialempfehlung:
DIN-A3-Papier (Querformat), Bleistift, Radiergummi, Spitzer, Wasserfarben, Pinsel, Geodreieck, Lineal, (optional) kleine Spiegel, CD-Player

Lernziele / Kompetenzerwartungen:
- grafische, vereinfachte Darstellung einer Winterlandschaft
- exakte Zeichnung zueinander symmetrischer Figuren mit Zeichengeräten wie dem Geodreieck
- **Nutzung von Farben und Farbwirkungen bei der Gestaltung von Räumen (Mischen kalter Farben)**
- **Visualisierung von Musik durch das Finden von Analogien zwischen Klang und bildlicher Darstellung**

Tipps für die Umsetzung:
- Fächerübergreifend zum Musikunterricht wird das Stück „Sleigh ride“ von Leroy Anderson in der Orchesterversion abgespielt. Darin vertont der Komponist eine Fahrt durch die Winterlandschaft mit einem Pferdeschlitten. Hörauftrag für die Schüler: Schließe deine Augen und stelle dir vor, du sitzt im Schlitten. Was siehst du, während du die Musik hörst?
- Mit Hilfe des Bild-Diktats wird eine Winterlandschaft gestaltet. Der anspruchsvollste Teil der Darstellung umfasst das Spiegeln der Bäume. Vorkenntnisse im Umgang mit dem Geodreieck sind daher sinnvoll.
- Die weißen Schneeflächen werden nicht durch Farbe, sondern nur durch die Gestaltung des Umraums definiert. Für den Himmel und den See mischen die Schüler möglichst helle und kalte Blau- und Türkistöne.
- Um die Wirkung einer Wasserspiegelung zu erzeugen, muss zunächst das Wasser des Sees mit Hilfe der Nass-in-Nass-Technik koloriert werden. Dazu befeuchten die Schüler zunächst den ganzen zu bemalenden Bereich mit sauberem Wasser. Anschließend streichen sie mit wenig Farbe und weiterem Wasser darüber. Dadurch verteilt sich die Farbe regelmäßig in den nassen Bereichen.
- Für die Darstellung der Nadelbäume sollte die Bildfläche des Sees vollkommen getrocknet sein. Oberhalb der Wasseroberfläche werden die Bäume mit kräftig angerührten Farben ausgemalt. Nach dem vorsichtigen Auswaschen des Pinsels sollte die Spiegelung mit einem Hauch derselben Farbe angemalt werden.

BVK • Lydia Wilczek: Bild-Diktate. Schritt-für-Schritt-Anleitungen zum Zeichnen und Gestalten

Reflexionsimpuls / weiterführender Hinweis:

- Zum Abschluss eignet sich ein „Museumsrundgang“ bei erneutem Abspielen der Musik.
- Die Schüler dürfen als Gesprächseinstieg in die Reflexion vor einem Bild ihrer Wahl stehen bleiben, das ihrer Meinung nach eine Winterlandschaft besonders gut umsetzt.
- Sofern man zu Beginn am Bildrand die Höhe der Horizontlinie und die Endpunkte der Schneeberge markiert hat, können die fertigen Bilder als Gemeinschaftskunstwerk in langen Reihen präsentiert werden.

Mögliche Kriterien der Leistungsbewertung:

- Umsetzung der Angaben beim Bild-Diktat (Position / Größe / Linienführung der Zeichnung) und daraus resultierend die Erkennbarkeit des Motivs
- Umsetzung der gestalterischen Vorgaben zur Farbmischung heller, kalter Farben
- Genauigkeit bei der Zeichnung der Wasserspiegelung

Schülerarbeiten

BVK • Lydia Wilczek: Bild-Diktate. Schritt-für-Schritt-Anleitungen zum Zeichnen und Gestalten

Bild-Diktat: Schneelandschaft

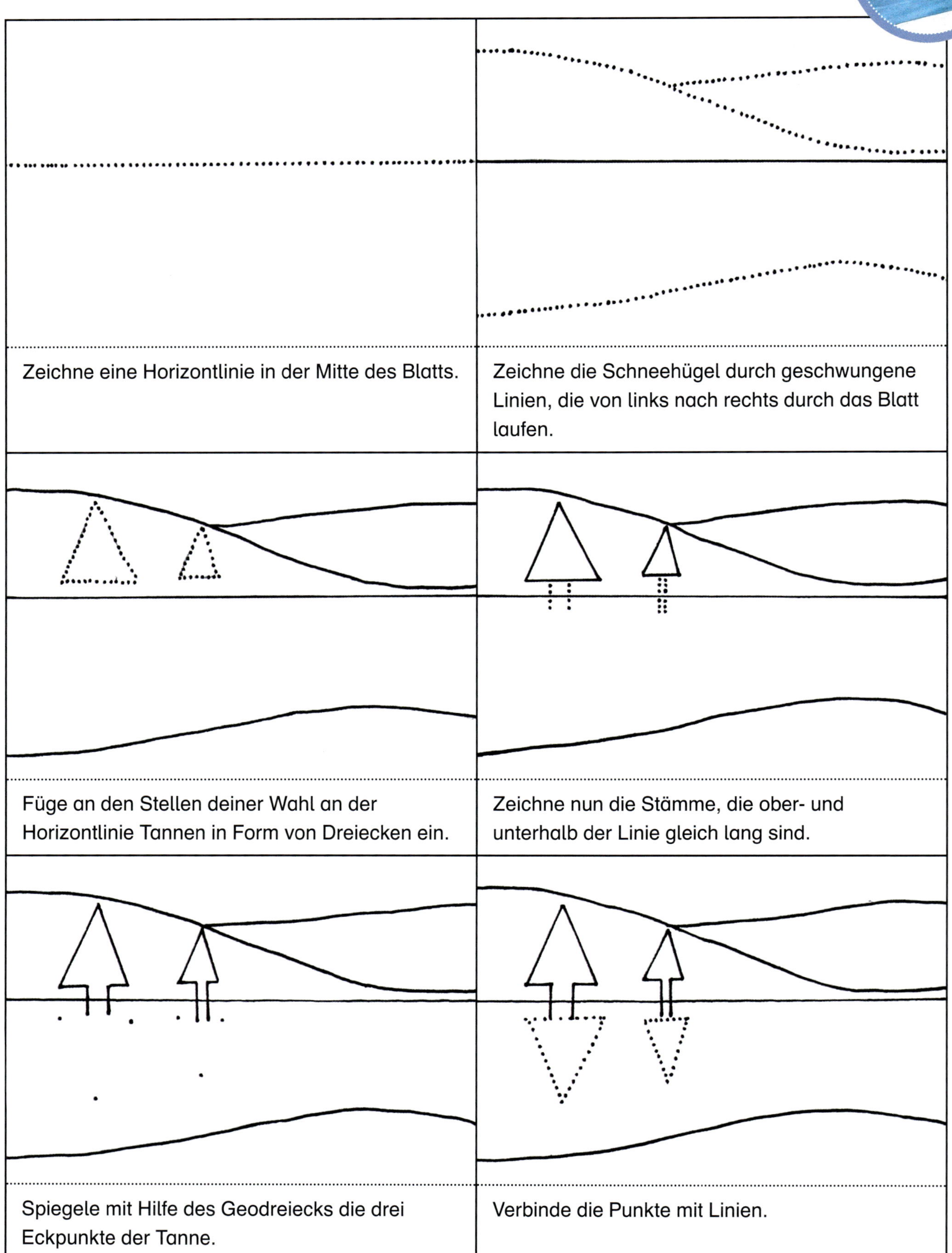

BVK • Lydia Wilczek: Bild-Diktate. Schritt-für-Schritt-Anleitungen zum Zeichnen und Gestalten

Winterschlaffüchse (Klasse 3–4)

Zeitbedarf:
ca. 2–3 Unterrichtsstunden

Fächerübergreifende Bezüge:
SU: Waldtiere / Winter / Winterschlaf der Tiere

Materialempfehlung:
DIN-A3-Papier (Querformat), Bleistift, Radiergummi, Spitzer, Wasserfarben, Pinsel

Lernziele / **Kompetenzerwartungen:**
- vereinfachte grafische Darstellung eines Fuchses im Winterschlaf
- **Mischung neuer Farbtöne aus Grundfarben**
- **Erweiterung der technischen Fertigkeiten im Umgang mit Farben und Farbmaterialien**

Tipps für die Umsetzung:
- Die besondere Bildwirkung entsteht durch das großformatige Zeichnen, an das die Kinder wiederholt erinnert werden müssen.
- Für das Mischen der Fellfarbe benötigen die Schüler Ocker und Dunkelbraun.

Reflexionsimpuls / weiterführender Hinweis:
Die Unterrichtsstunde muss nicht notwendigerweise im Winter durchgeführt werden.
Der schlafende Fuchs kann durch eine alternative Hintergrundgestaltung in jeder Jahreszeit dargestellt werden (z. B. Frühling – Blumenwiese, Sommer – Wald, Herbst – Herbstlaub).

Mögliche Kriterien der Leistungsbewertung:
- Umsetzung der Angaben beim Bild-Diktat (Position / Größe / Linienführung der Zeichnung) und daraus resultierend die Erkennbarkeit des Motivs
- evtl. kreative Umsetzung bei der Darstellung des Fuchses
- Umsetzung der gestalterischen Vorgaben und Techniken (Farbgestaltung des Fells, Hintergrundgestaltung etc.)

Schülerarbeiten

Bild-Diktat: Winterschlaffüchse

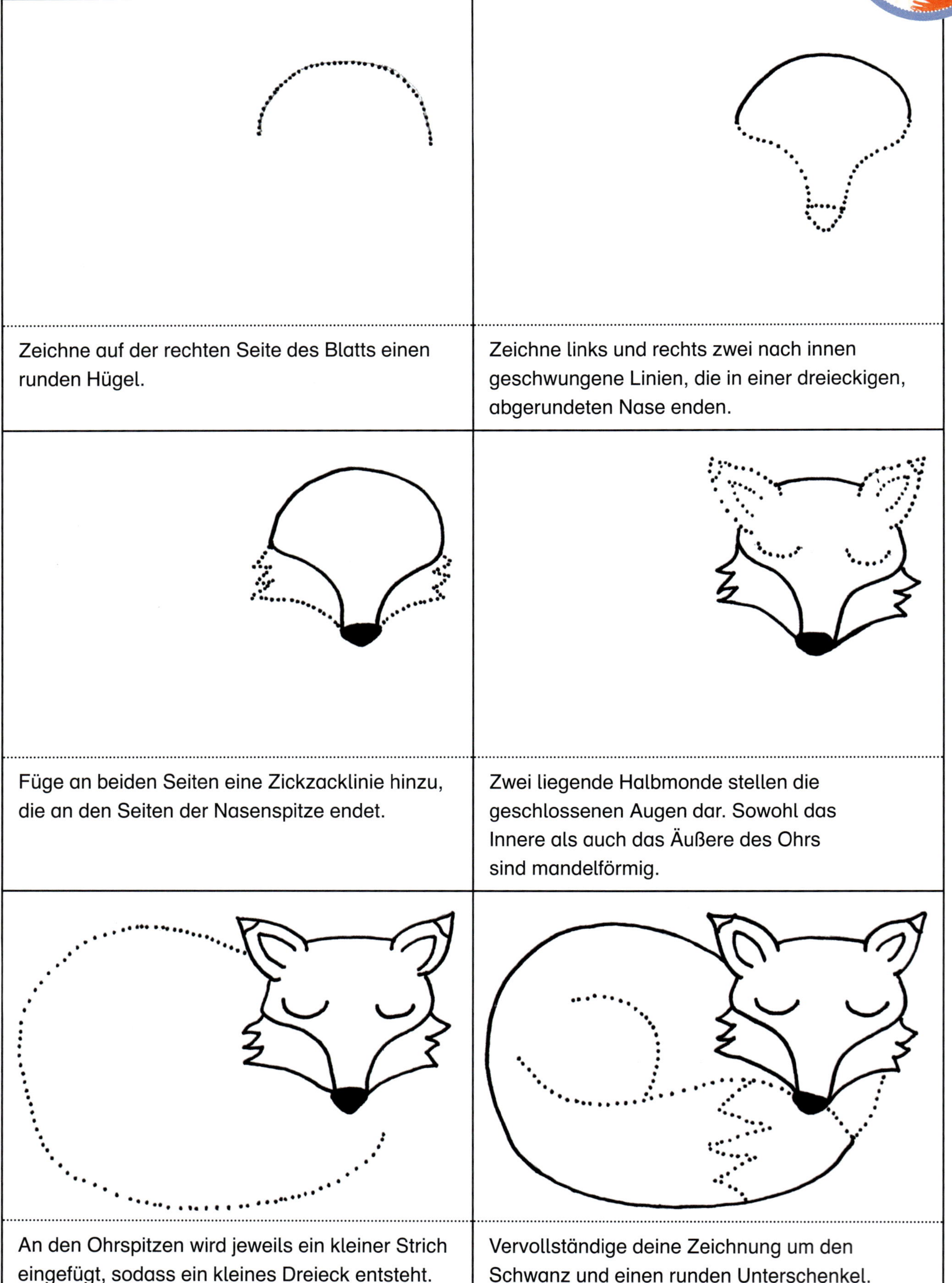

Zeichne auf der rechten Seite des Blatts einen runden Hügel.

Zeichne links und rechts zwei nach innen geschwungene Linien, die in einer dreieckigen, abgerundeten Nase enden.

Füge an beiden Seiten eine Zickzacklinie hinzu, die an den Seiten der Nasenspitze endet.

Zwei liegende Halbmonde stellen die geschlossenen Augen dar. Sowohl das Innere als auch das Äußere des Ohrs sind mandelförmig.

An den Ohrspitzen wird jeweils ein kleiner Strich eingefügt, sodass ein kleines Dreieck entsteht. Zeichne eine große liegende Null. Lass rechts ein kleines Stück frei.

Vervollständige deine Zeichnung um den Schwanz und einen runden Unterschenkel. Verbinde dann den Hals mit dem Schwanz.

Elche (Klasse 1 – 2) (1)

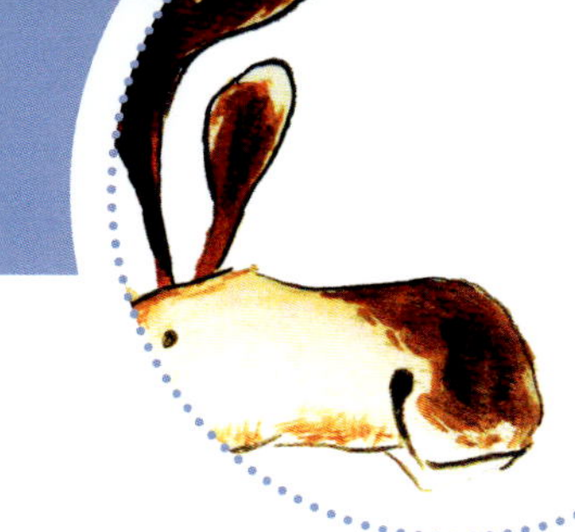

Zeitbedarf:
ca. 2 – 3 Unterrichtsstunden

Fächerübergreifende Bezüge:
Winter / Weihnachten

Materialempfehlung:
DIN-A3-Papier (Querformat), Bleistift, Radiergummi, Spitzer, Wasserfarben, Pinsel

Lernziele / **Kompetenzerwartungen:**
- vereinfachte grafische Darstellung eines Elchs
- **Erprobung und Verarbeitung von Farbmaterialien (Wasserfarben)**
- **Erprobung einfacher Druck- und Abklatschverfahren (Handdrucken)**

Tipps für die Umsetzung:
- Für den inhaltlichen Stundeneinstieg eignet sich das Buch „Erik“ von Catherine Rayner und Nicholas Chabroh, in dem ein Elch in verschiedenen Ansichten dargestellt wird. Da er zu groß ist, wird er stets nur ausschnittweise und erst am Ende des Buches vollständig gezeigt.
- Diesen Aspekt können Sie bei der Durchführung des Bild-Diktats aufgreifen und die Kinder daran erinnern, großformatig zu zeichnen und das gesamte Blatt für die Zeichnung des Elches zu nutzen. Größenvergleiche helfen den Kindern, richtige Größenverhältnisse beim Zeichnen einzuhalten.
- Die Schüler nutzen verschiedene Brauntöne und können diese mischen, um das Fell des Elches zu malen.
- Das Geweih wird in einem zweiten Schritt durch das Aufdrucken der Hände hinzugefügt. Dafür bietet sich eine Partnerarbeit an. Die Schüler müssen die Farbe dafür mit viel Wasser lange anrühren, bis sie cremig ist, und anschließend zügig auf die Hände auftragen.
- Sowohl beim Zeichnen als auch beim Drucken der Hände kommt es vor, dass den Schülern zu wenig Platz bleibt. Hier kann erneut das Bilderbuch helfen, um den Kindern das Prinzip eines angeschnittenen Motivs als legitime Alternative zu vermitteln.

Reflexionsimpuls / weiterführender Hinweis:
- Zum Abschluss der Stunde kann eine mit Nummern versehene Auswahl an Bildern (ca. 4 – 5 Stück) an der Tafel gemeinsam betrachtet werden. Achten Sie bei der Auswahl der Schülerarbeiten auf möglichst unterschiedliche Darstellungen von Elchen sowie auf unterschiedliche Qualitäten beim Handabdruck.
- Das Spiel „Ich sehe was, das du nicht siehst“ kann als Einstiegsimpuls für die Reflexion genutzt werden. Dadurch kann der Blick der Kinder auf die Gestaltungsweise der Elche und die unterschiedlichen Druckergebnisse reflektiert werden.
  Mögliche Spielsätze: Ich sehe einen Elch, …
  - der hat ein besonders großes Geweih.
  - der hat viele verschiedene Farben in seinem Fell.
  - der lächelt / sieht traurig aus.

- Im weiteren Verlauf ist es sinnvoll, die Technik des Handdruckens zu reflektieren. Welche Probleme sind beim Drucken aufgetreten und welche Techniken führen zu einem guten Druckergebnis?
- Als zeitliche Differenzierung können die Schüler einen Namen für ihren Elch finden und diesen aufschreiben.

Mögliche Kriterien der Leistungsbewertung:

- Umsetzung der Angaben beim Bild-Diktat (Position / Größe / Linienführung der Zeichnung) und daraus resultierend die Erkennbarkeit des Motivs
- evtl. kreative Umsetzung bei der Darstellung des Elches
- Umsetzung der gestalterischen Vorgaben und Techniken (Farbauswahl für den Elch, Druckergebnis der Handabdrücke etc.)
- sinnvolle Nutzung der Bildfläche

Schülerarbeiten

BVK • Lydia Wilczek: Bild-Diktate. Schritt-für-Schritt-Anleitungen zum Zeichnen und Gestalten

Bild-Diktat: Elche

Zeichne ein großes U. Lass oberhalb und rechts etwas Platz.

Zeichne an die oberen Enden vom U umgedrehte Regentropfen. Du kannst sie bereits mit einem schwarzen Buntstift ausmalen.

Zeichne unten ein weiteres, ganz flaches U. Das ist die Unterlippe des Elches.

Zeichne ein breites kreisförmiges Dach, das jeweils unterhalb der Regentropfen endet. Fertig ist der Elchkopf! Zeichne für die Augen zwei kleine schwarze Punkte.

Füge nun links und rechts vom Kopf zwei mandelförmige Ohren hinzu.
Du kannst entscheiden, ob die Ohren zur Seite oder nach oben stehen.

Um den Körper zu zeichnen, ziehst du links vom Kopf eine Linie nach unten und rechts eine Linie zur Seite.
Du kannst es auch andersherum machen.

BVK • Lydia Wilczek: Bild-Diktate. Schritt-für-Schritt-Anleitungen zum Zeichnen und Gestalten

Neujahrsschweinchen

A (Klasse 1 – 2) / B (Klasse 3 – 4)

Zeitbedarf:
ca. 2 Unterrichtsstunden

Fächerübergreifende Bezüge:
Silvester / Neujahr
Ethik: Glück und Glückssymbole
De: Bauernhof

Materialempfehlung:
DIN-A3-Zeichenblockpapier (A: Hochformat / B: Querformat); Bleistift, Radiergummi, Spitzer, Wasserfarben, Pinsel

Lernziele / **Kompetenzerwartungen:**
- vereinfachte grafische Darstellung eines Schweins
- **Mischung von Farbtönen aus Grundfarben**
- **Nutzung von Farben und Farbwirkungen bei der Gestaltung von Bildern und Objekten**
- **Zu- und Einordnung von Bildzeichen (Vordergrund – Hintergrund)**

Tipps für die Umsetzung:
- Je nach unterrichtlichem Bezug eignet sich zum Stundeneinstieg eine Geschichte von Elke und Dieter Loewes „Piggeldy und Frederick" in unterschiedlichen Medienformaten (Buch / Kurzfilm), zum Beispiel „Piggeldy und Frederick und das Glück".
- Zur farblichen Ausgestaltung stellen die Kinder zwei Mischfarben her. Für die Haut des Schweins empfiehlt sich eine Mischung aus Deckweiß und Magenta, für den Himmel eine Mischung aus Hellblau und Deckweiß. In beiden Fällen sollen die Kinder anteilig mehr Deckweiß verwenden, um zarte, pastellige Farben zu erzeugen.
- Der Begriff „Pastellfarbe" kann als Fachbegriff eingeführt und zum Beispiel in Form eines Lernplakats im Klassenzimmer gesichert werden.

Reflexionsimpuls / weiterführender Hinweis:
- Falls möglich, ist es interessant für die Schüler, beide Motive mit einem Abstand von 1 – 2 Jahren zu zeichnen, Motiv A aufzubewahren und bei der Reflexion von Motiv B die eigenen Fortschritte in der Zeichendarstellung zu reflektieren.
- Alternativ können die beiden Motive auch zur leistungsbezogenen Differenzierung als Wahlangebot innerhalb einer Lerngruppe genutzt werden.

Mögliche Kriterien der Leistungsbewertung:
- Umsetzung der Angaben beim Bild-Diktat (Position / Größe / Linienführung der Zeichnung) und daraus resultierend die Erkennbarkeit des Motivs
- Umsetzung der gestalterischen Vorgaben / Kriterien (Farbauswahl und -mischung für das Schwein, den Hintergrund)
- Sorgfalt der künstlerischen und farblichen Ausgestaltung

BVK • Lydia Wilczek: Bild-Diktate. Schritt-für-Schritt-Anleitungen zum Zeichnen und Gestalten

Bild-Diktat: Neujahrsschweinchen Version A

Zeichne zwei Kreise an den rechten Bildrand. Der äußere Kreis sollte etwa handgroß sein. Darin ist ein etwas kleinerer Kreis, dessen Mittelpunkt etwas tiefer liegt.	Zeichne in den kleinen Kreis eine flache Null, in der wiederum zwei kleine Nullen aufrecht stehen.	Füge zwei geschwungene, aber spitze Ohren am mittleren Kreis hinzu. Zeichne auch das Innere der Ohren.
Vervollständige dein Schwein nun durch einen Mund, Augen und einen Ringelschwanz.	Füge nun vier Beine hinzu. Jedes Bein sieht wie ein W mit sehr langen Seitenlinien aus. Füge einen horizontalen Strich direkt über dem Knick im W ein.	Wiederhole Schritte eins bis fünf und zeichne ein zweites, kleineres Schweinchen sowie eine Wiese hinzu.

BVK • Lydia Wilczek: Bild-Diktate. Schritt-für-Schritt-Anleitungen zum Zeichnen und Gestalten

Bild-Diktat: Neujahrsschweinchen Version B

	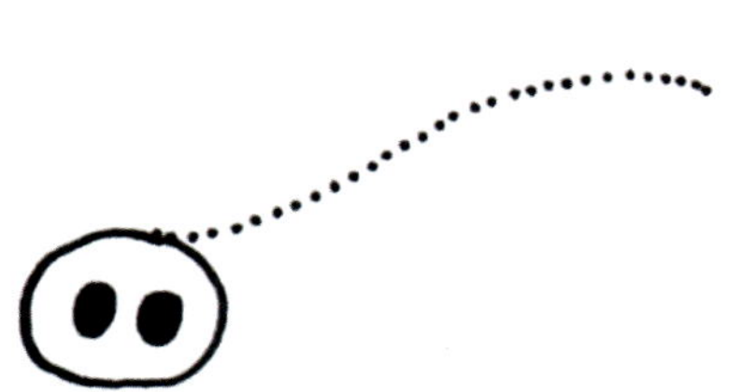
Zeichne auf der linken Seite vom Blatt eine liegende Null, die etwa so groß ist wie dein Handteller. Zeichne zwei kleine aufrechte Nullen hinein.	Zeichne mit einem leichten Schwung nach oben eine Linie. Am Ende ist die Linie leicht nach unten gekrümmt.
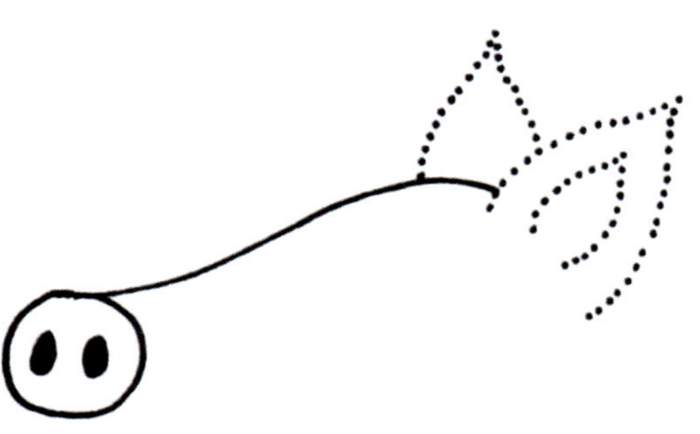	
Füge zwei geschwungene, aber spitze Ohren hinzu. Das hintere Ohr ist nur von der Rückseite zu sehen, beim vorderen kannst du eine Innenseite einzeichnen.	Zeichne den Mund aus einer geschwungenen Zickzacklinie. Der Mund soll leicht geöffnet sein und lächeln.
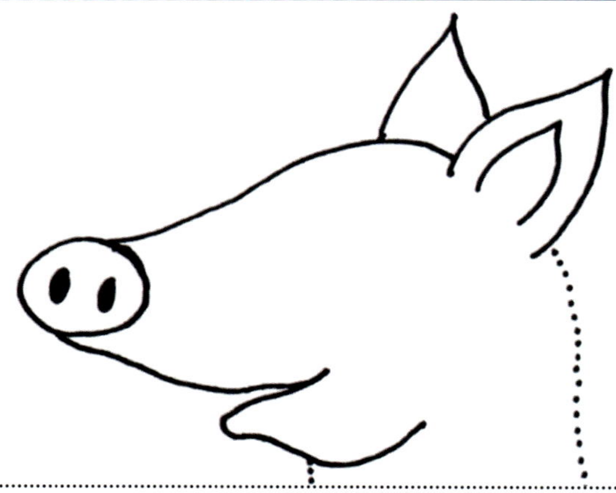	
Verbinde die Ohren mit dem Bildrand. Das ist der Nacken. Verbinde auch den Mund mit dem Bildrand. Das ist der Hals.	Füge oberhalb vom Mundwinkel ein geschlossenes Auge hinzu.

BVK • Lydia Wilczek: Bild-Diktate. Schritt-für-Schritt-Anleitungen zum Zeichnen und Gestalten

Charakterköpfe auf Pizzakartons

(Klasse 3 – 4) (1)

Zeitbedarf:
ca. 2 – 4 Unterrichtsstunden

Fächerübergreifende Bezüge:
Karneval
De: Personenbeschreibung

Materialempfehlung:
Pizzakartons (blanko im Internet bestellbar oder auf Anfrage in Restaurants), Skizzenpapier (auf die Größe des Pizzakartons zugeschnitten), Kopiervorlagen „Charakterköpfe auf Pizzakartons“ (s. S. 63 / 64), Bleistift, Radiergummi, Spitzer, Acrylfarben oder Wasserfarben, Pinsel, Cutter, Nagelschere, optional: Teelichter als Zeichenvorlage für die Augen, Zeitungsausschnitte und Darstellungen unterschiedlicher Charaktere und Personengruppen als Zeichenvorlage, Schmuckmaterial (z. B. Perlen, Knöpfe, Federn), Flüssigkleber

Lernziele / Kompetenzerwartungen:
- Erzeugung eines dreidimensionalen Effekts durch das Zeichnen auf zwei unterschiedlichen Ebenen
- Erprobung unterschiedlicher Darstellungsformen für Mimik und typisierte Gesichtsmerkmale
- **Erprobung bildnerischer Absichten mit unterschiedlichen Werkzeugen und Reflexion über die Zusammenhänge von Absicht und Wirkung (Zeichnen eines menschlichen Kopfes, zielgerichtete Ausgestaltung in Form eines Charakterporträts)**
- **Nutzung grafischer Mittel und Bildzeichen zum Schmücken und Verzieren (z. B. Ornamente, Schmuckelemente, Hintergrundgestaltung)**
- **Experimentieren mit unterschiedlichen Materialien und Beschreibung von Erfahrungen (Zeichnen auf einem Pizzakarton)**

Tipps für die Umsetzung:
- Es empfiehlt sich, die Pizzakartons ohne Aufdruck zu bestellen. Auf Anfrage kann man auch auf Pizzakartons aus einem Restaurant zurückgreifen, die allerdings zuvor weiß grundiert werden sollten.
- Der besondere Reiz des Zeichnens auf einem Pizzakarton liegt in der Möglichkeit einer dreidimensionalen Zeichnung auf zwei Ebenen. Auf der Außenseite des Kartons werden Aussparungen für die Augen ausgeschnitten und die Pupillen und Iris auf die Innenseite des Kartons gezeichnet. Dadurch entsteht für den Betrachter der Eindruck, das Bild würde ihm mit den Augen folgen. In der Kunst ist das Phänomen auch als „Mona-Lisa-Effekt“ oder als Maltechnik des „Silberblicks“ bekannt und tritt häufig bei Porträts der Renaissance auf.
- Zum Stundeneinstieg eignet sich ein „Museumsrundgang“ durch die Klasse. Hängen Sie dazu in Augenhöhe der Kinder 3 – 4 Kunstwerke auf (z. B. Albrecht Dürer – Selbstbildnis im Pelzrock, Jan Vermeer – Das Mädchen mit dem Perlenohrgehänge, Friedrich von Amerling – Kaiser Franz I. von Österreich). Die Kinder bewegen sich in einer Entfernung von etwa 1 – 2 Metern an den Kunstwerken vorbei und erhalten den Beobachtungsauftrag, besonders auf die Augen der dargestellten Personen zu achten. In der anschließenden Erarbeitungsphase kann das Phänomen der folgenden Augen thematisiert und als künstlerisches Ziel der Unterrichtsstunde erarbeitet werden.

BVK • Lydia Wilczek: Bild-Diktate. Schritt-für-Schritt-Anleitungen zum Zeichnen und Gestalten

Charakterköpfe auf Pizzakartons

(Klasse 3 – 4) **(2)**

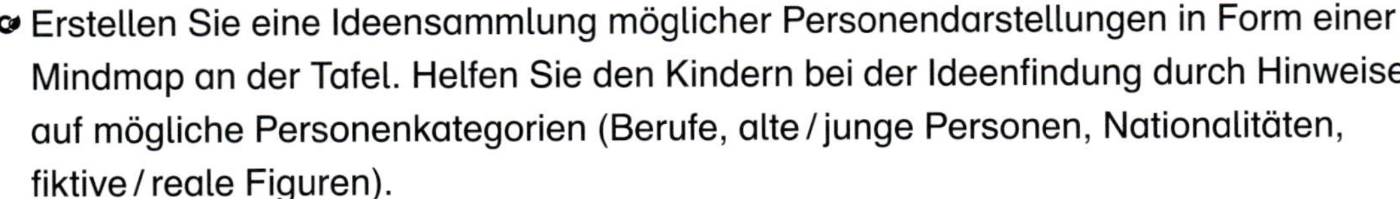

- Erstellen Sie eine Ideensammlung möglicher Personendarstellungen in Form einer Mindmap an der Tafel. Helfen Sie den Kindern bei der Ideenfindung durch Hinweise auf mögliche Personenkategorien (Berufe, alte / junge Personen, Nationalitäten, fiktive / reale Figuren).
- Es empfiehlt sich, folgende allgemeine Hinweise für eine Porträtdarstellung vorweg zu geben:
  - Für die Darstellung des Kopfes sollte der gesamte Pappkarton genutzt werden.
  - Die Augen sollten möglichst mittig im Gesicht positioniert werden.
  - Durch einen weißen Glanzpunkt wirken gemalte Augen besonders lebendig und realistisch.
  - Der 3-D-Effekt kommt nur zum Tragen, wenn die Augen überdimensional groß dargestellt sind und mindestens den Durchmesser eines Teelichts haben.
  - Die Kinder sollen zunächst eine Skizze auf einem Blatt anfertigen.
- Das Ausschneiden der Augen erfordert selbst im vierten Schuljahr die Unterstützung durch die Lehrkraft. Als Hilfestellung kann ein kleines Kreuz mit dem Cutter in der Mitte der auszuschneidenden Fläche gemacht werden.
- Zur Ausgestaltung der Charakterköpfe können Sie auch dreidimensionale Materialien zur Verfügung stellen, zum Beispiel in Form einer kleinen Materialwerkstatt (Stoffreste, Pailletten, Glitzer, Knöpfe, Pfeifenputzer, bunte Federn etc.).
  Zur Befestigung empfiehlt sich Flüssigkleber.
- Der Hintergrund sollte der Charakterdarstellung angepasst sein und kann durch Muster, Ornamente oder Farbverläufe strukturiert werden (z. B. Pirat: Totenkopfmuster / strenge Lehrerin: geradliniges Ornament / Clown: bunte Farbverläufe).
  Eine umfassende Sammlung von Mustern und passenden Zeichenanleitungen bietet das PDF-Dokument „Doodle tangles“ von Labbé.

Reflexionsimpuls / weiterführender Hinweis:

- Reflexionsimpulse: Einen passenden Namen für das eigene / fremde Porträt finden oder zuordnen und die eigene Entscheidung begründen. In höheren Klassenstufen können auch Charaktereigenschaften durch Wortkarten zugeordnet werden.
- Fächerübergreifend zum Deutschunterricht können die Kinder eine Personenbeschreibung zu ihrem Bild anfertigen.
- Als alternatives Thema können auch Tierköpfe dargestellt werden. In diesem Fall können die Kinder vorbereitend Bilder und Darstellungen von Tieren mitbringen.

Mögliche Kriterien der Leistungsbewertung:

- Nutzung der Kartonfläche / Dimension der Zeichnung
- Wirkung des 3-D-Effekts
- kreative Umsetzung einer Charakterdarstellung (eigene Ideen, Erkennbarkeit des Bildthemas)
- Sorgfalt der Bildgestaltung
- kreative Ausgestaltung der Figur (Material-, Farbwahl)
- Gestaltung eines passenden Hintergrunds

Schülerarbeit

BVK • Lydia Wilczek: Bild-Diktate. Schritt-für-Schritt-Anleitungen zum Zeichnen und Gestalten

Kopiervorlagen „Charakterköpfe auf Pizzakartons (1)"

Ein Gesicht besteht aus vielen verschiedenen Bausteinen. Wähle aus jedem Baustein entweder eine Form aus oder erfinde am besten eine eigene.

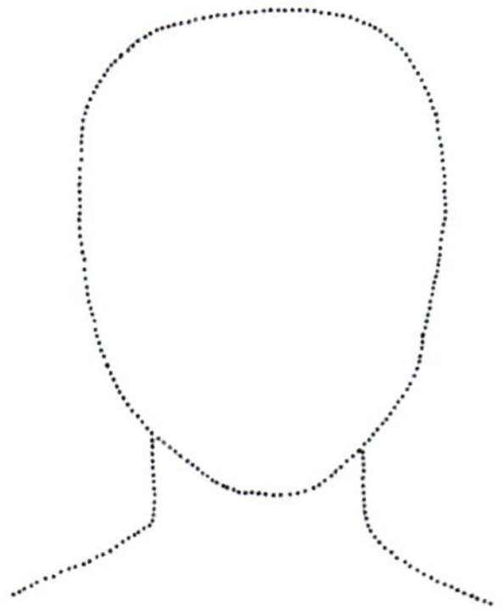

	Kopfformen
	Augen, Augenbrauen, Wimpern
	Nase

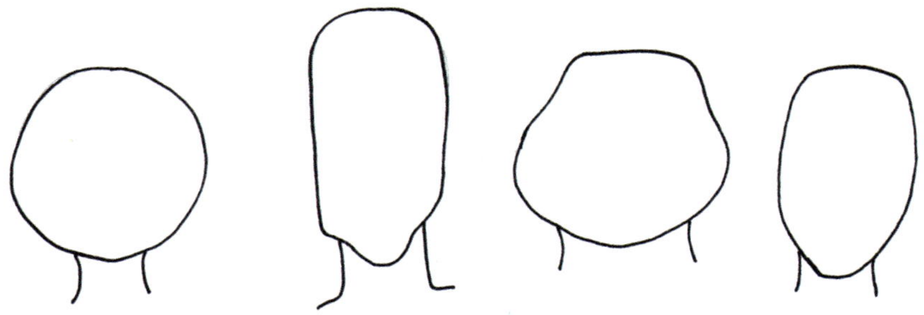

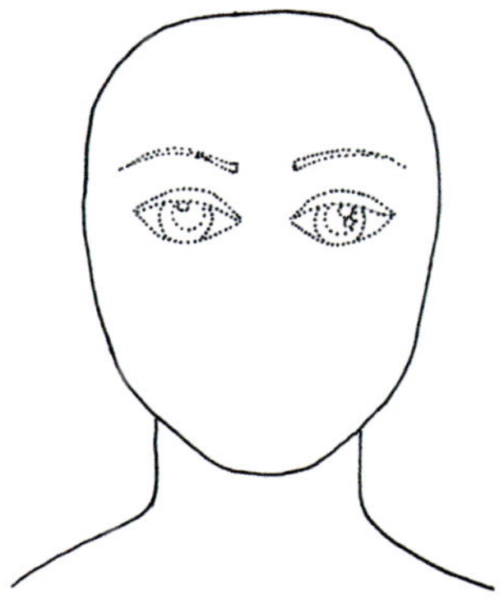

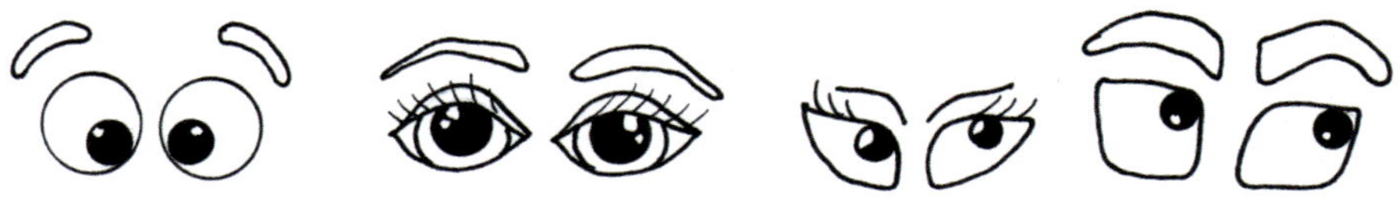

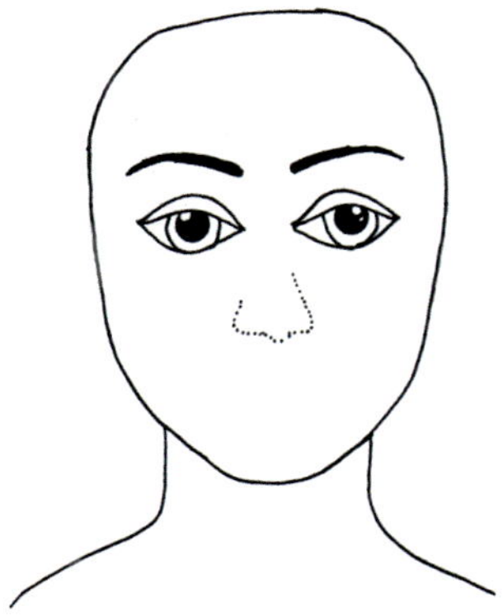

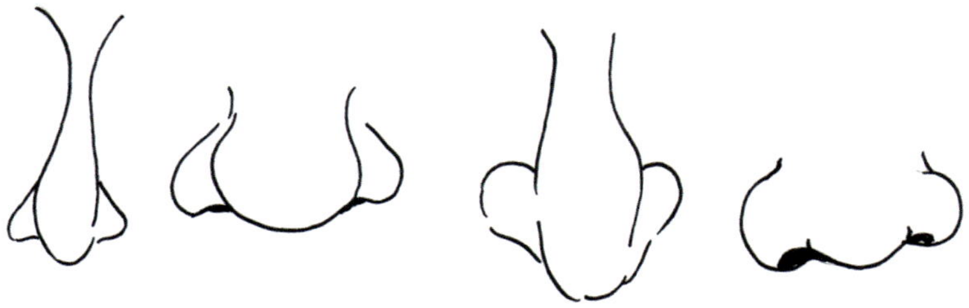

Schülerarbeiten

BVK • Lydia Wilczek: Bild-Diktate. Schritt-für-Schritt-Anleitungen zum Zeichnen und Gestalten

Kopiervorlagen „Charakterköpfe auf Pizzakartons (2)“

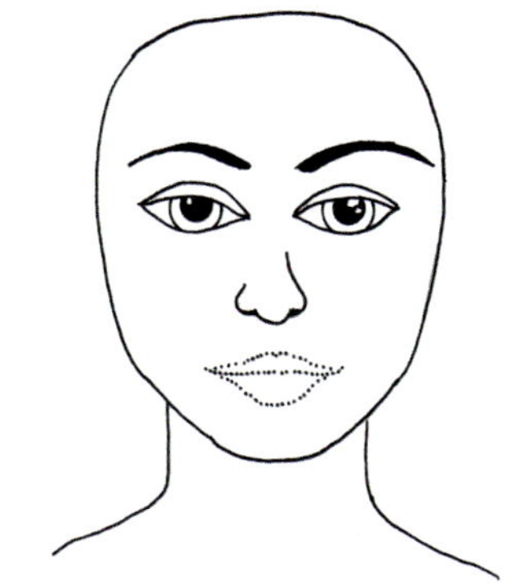

	Mund
	Ohren
	Haare
	Accessoires und besondere Merkmale

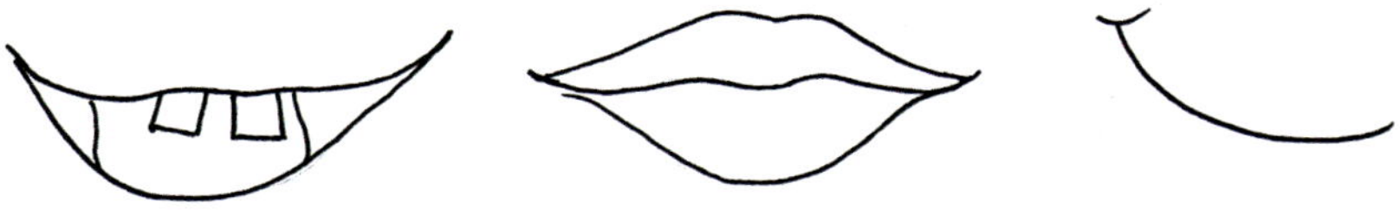

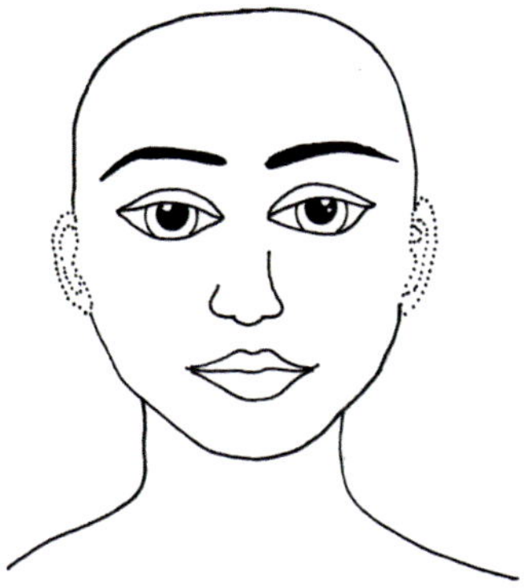

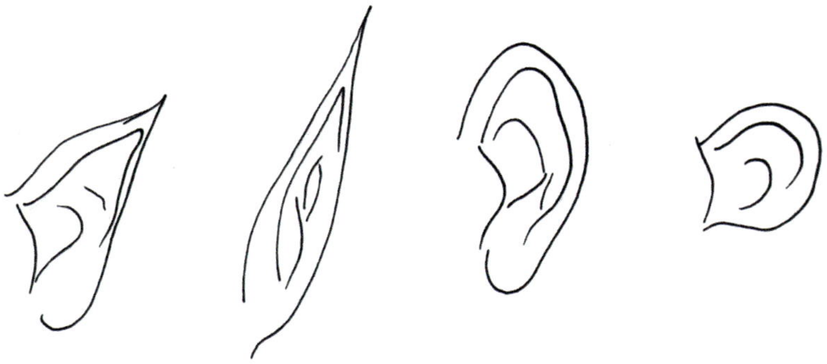

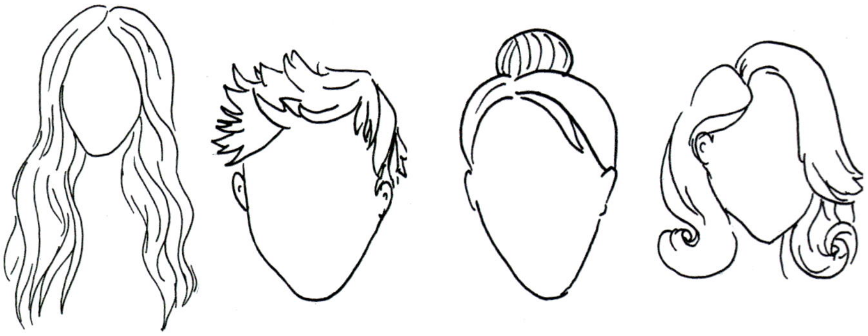

BVK • Lydia Wilczek: Bild-Diktate. Schritt-für-Schritt-Anleitungen zum Zeichnen und Gestalten